T0267473

En busca de la bondad colectiva

James W. Heisig

En busca de la bondad colectiva

Elogio de la civilidad

Traducción de
Ricardo García Pérez

herder

Título original: In Praise of Civility
Traducción: Ricardo García Pérez
Diseño de la cubierta: Gabriel Nunes

© *2021, James W. Heisig, edición autorizada por Wipf and Stock Publishers, Oregón*
© *2022, Herder Editorial, S. L., Barcelona*

ISBN: 978-84-254-4979-6

Imprenta: Liberdúplex
Depósito legal: B-8.992-2023
Printed in Spain – Impreso en España

herder

Índice

Cómo no leer este libro

Seamos claros, no he escrito este libro teniendo antes un marco global y no me ha preocupado demasiado mantener ninguna lógica interna que impusiera un orden a mis pensamientos. El pegamento que mantiene estas páginas unidas al lomo del libro es un aglutinante tan bueno como cualquier otro. No hay que pensar que la numeración de los capítulos del uno al siete representa alguna clase de avance sobre una línea recta. Su única finalidad era descomponerlo en pequeñas partes que se pudieran leer en sesiones breves. Si insiste en querer buscar un plan rector, le dejo a usted esa tarea con la única advertencia de que, una vez terminado el libro, yo no tengo conciencia de cuál es.

Las citas y las anécdotas que aderezan este conjunto de pensamientos bastante desordenados son, en líneas generales, elementos que he ido recogiendo a lo largo de los años, garabateado de vez en cuando en los márgenes de libros o referido tantas veces en diferentes conversaciones que ya no se puede decir cuál es su fuente original. Una bibliografía al final —o peor aún, notas al pie, Dios no lo quiera— transmitiría una impresión completamente errónea de lo que creo que es un surtido académicamente promiscuo de rumores, recuerdos reales, recuerdos adornados, citas precisas e imprecisas, historias repetidas y cosas similares.

Tengo la sensación de que debería disculparme de antemano, pero me resisto al impulso de hacerlo con la esperanza de que el tema le resulte tan cautivador como a mí y que, tanto ahora como a lo largo de su lectura, olvide que está leyendo palabras escritas por otra persona.

Me parece preciso decir algo respecto a la traducción de la palabra inglesa *civility* como «civilidad». Soy consciente de que ninguno de los diccionarios de ambas lenguas cubren del todo las extensiones de significado que le he querido dar. Solo espero que, al leer el texto, mis lectores puedan habituarse a mi decisión de no sustituirla por otro término como «cortesía», «buenos modales», «amabilidad», «gentileza», «benevolencia», «consideración», «urbanidad», «amabilidad», «galantería» o «sociabilidad». A decir verdad, me he preocupado menos de definir la idea que de saborear su indefinición. A pesar de esta irregularidad léxica, confío en que la intención de esa palabra sea algo que el lector reconozca inmediatamente, y luego una y otra vez al navegar por estas páginas. Y, por si fuera insuficiente, invito al lector a recuperar lo que le falta a la palabra «civilidad» con otra que, al fin y al cabo, le parezca más fiel al idioma español.

Uno

Después de más de cinco siglos, el *Elogio de la locura* de Erasmo de Rotterdam sigue siendo una lectura aleccionadora. Página tras página, esbozamos una sonrisa y asentimos con la cabeza, casi a nuestro pesar, cuando carga contra los intelectuales porque olvidan que por cada gramo de razón alojada en su cerebro hay un kilo de pasiones que recorren a sus anchas la totalidad de su cuerpo. Cuando se trata de ser útiles para el mundo, escribe Erasmo, quienes gustan de considerarse eruditos corren a consultar sus libros y sus silogismos, y mientras ellos se aferran a los libros y los silogismos sin dejar de pensar y repensar las cosas, los necios, a ciegas, se apresuran a dar un paso adelante y hacen lo que hay que hacer. Erasmo nos recuerda que, por mucho que los doctos dejen escapar una sonrisa disimulada ante la locura del amor, saben tan bien como el resto de nosotros que sin esa locura la sociedad perdería su cemento y su cohesión. Erasmo agarra de las solapas a las personas nobles y les sacude el moralismo, culpándolos de olvidar que nosotros, los seres humanos, somos tan frágiles y tan obstinados y nos dejamos adular con tanta facilidad para pensar que siempre tenemos razón, que ni siquiera podemos mantener una amistad ordinaria sin que los unos seamos condescendientes con las faltas de los otros. Erasmo reserva su elogio de la ruptura de la pasión con la razón para rebelarse contra lo que está mal, para disfrutar de las cosas de la vida con la inocencia de los niños, para pasar por alto los defectos de los demás.

Despojado de la sátira, por no decir de la ironía de que un sabio tan magnífico se burle de la importancia del conocimiento, el tono bromista del libro no pretendía hacer daño a sus colegas y compañeros clérigos. Cuanto más leemos a Erasmo, más fácil es comprender cuáles son sus verdaderos motivos: alentar a sus lectores a que dejen escapar una buena carcajada al contemplarse a sí mismos y a que confíen más en la mejor parte de su yo.

Me gustaría abordar el elogio de la civilidad con ese mismo espíritu; aunque es evidente que lo haré sin el talento para la retórica y sin el ingenio que Erasmo incorporó a su prosa. Para quienes se toman demasiado en serio su indignación moral ante los males de la sociedad, para los críticos sociales que tienen la sensación de que nada se experimenta verdaderamente hasta que se ha convertido en un juicio acerca de lo que está bien y lo que está mal, tal vez la civilidad pueda parecer una virtud de rebaño propia de quienes son demasiado tímidos para defender sus derechos y aquello en lo que creen. Hasta el lector más sosegado y optimista puede resistirse a la llamada de la civilidad porque la entiende como la ilusión romántica de un loco que no tiene los pies en la tierra. Más adelante tendremos que volver sobre ello para hacer frente a estos recelos. Sucede únicamente que me parece que empezar por ahí sería hacerlo por el lugar equivocado.

Hay que reconocer que, a simple vista, una muestra de la propagación casi epidémica de la incivilidad que ha acabado por infectar cada vez más a nuestra ciudadanía cada vez en más lugares podría colocarnos en una posición mejor. Para empezar, la incivilidad es una faceta mucho más fácil de detectar que la civilidad. Cuando Tolkien se detuvo en mitad de *El Hobbit* para reflexionar acerca de cómo iba progresando su relato, encendió una luz para iluminar nuestra oscura disposición a fijar la atención sobre determinadas cosas de la vida y pasar por alto otras:

> Ahora bien, parece extraño, pero las cosas que es bueno tener y los días que se pasan de un modo agradable se cuentan muy pronto y no se les presta demasiada atención; en cambio, las cosas que son incómodas, estremecedoras y aun horribles, pueden hacer un buen relato, y además lleva tiempo contarlas.*

Los malos modales son siempre más fáciles de diagnosticar que los buenos. No hay duda de que proporcionan material para una conversación más estimulante. Cuando se trata de elogiar la virtud de los

* Reproducimos la traducción de Manuel Figueroa en *El Hobbit*, Barcelona, Minotauro, 1994. *(N. del T.)*

demás, tenemos un vocabulario bastante más limitado en comparación con el profuso tesauro del que disponemos para censurar sus fechorías. Los principios que rigen la buena conducta son más transparentes cuando se quebrantan y tienden a empañarse cuando se respetan. En cualquier caso, parecería que la forma más sencilla y directa de presentar la civilidad sería definiéndola como la ausencia de incivilidad y el modo más seguro de elogiarla, dando una buena reprimenda a su contraria.

Esta fue la estrategia que empleó Erasmo, pero no será la nuestra. Él redactó su elogio de la locura pasando por la quilla la racionalidad de un extremo a otro de la costa con el fin de realzar el uso de la razón, no para sustituirla por la sinrazón. No tengo la menor intención de tratar de devolver a la incivilidad al lugar que le corresponde exponiendo los límites de la civilidad. Al igual que cualquier otra tentativa de tomar una acción «correcta» por «incorrecta» dando la vuelta a su apariencia, perseguir la civilidad evitando su ausencia acaba rindiéndose a la opinión pesimista de que hacer lo correcto empieza por resistirse a la tentación de hacer lo que es incorrecto. O a la inversa, a menos que podamos encontrar el camino para recuperar el instinto primigenio de vivir en armonía con nuestro entorno, cualquier elogio de la civilidad que podamos hacer está condenado al fracaso desde el principio.

Dicho con pocas palabras, la búsqueda de la civilidad tiene que prestar más atención a su práctica real que a su descuido. Y eso es lo que me propongo hacer en estas páginas: contar historias sobre civilidad que nos hagan pensar sobre los efectos que la incivilidad tiene en nuestra vida y en la de quienes nos rodean. Pero antes de empezar preguntando cómo reconocer la incivilidad y como enfrentarla, debemos tener alguna idea de cómo plantear la cuestión con civilidad. Responder a una incivilidad con otra es como tratar de curar una enfermedad propagándola. Elogiar una virtud condenando su descuido carece de sentido, a menos que primero podamos describirla en sus propios términos.

Estamos profundamente equivocados si contemplamos la civilidad como una virtud personal que nos sirve de poca ayuda para hacernos cargo de las situaciones de la vida. Como los escuetos arrebatos de indignación moral desbordan cada vez más nuestra conversación «civilizada», el lento caminar del pensar y el actuar con civilidad queda atrás fácilmente como una pintoresca e ingenua distracción de la tarea de defendernos o no dejarnos pisotear. Este es justamente el prejuicio al que me gustaría dar la vuelta y no se me ocurre ningún otro modo mejor de hacerlo que recopilando ejemplos de civilidad en acción.

En un momento u otro, he sido culpable de muchas de las incivilidades que se critican en estas páginas. De modo que cuando digo «nosotros» no estoy recurriendo a un modo elegante de señalar con el dedo al lector. Estoy siendo riguroso. Por supuesto, la proporción de humanidad e inhumanidad es diferente en cada uno de nosotros, pero los ingredientes básicos son en buena medida los mismos para el santo y para el pecador, para el sabio y para el necio. Es más, ninguno de nosotros está libre de actos y pensamientos al acecho en la sombra arrojada por las brillantes creencias y los ideales que profesamos a los demás.

La sabiduría al uso es que no deberíamos imponer a los demás principios que no ponemos en práctica nosotros mismos. El rabino Hanina Ben-Dosa, un famoso erudito del siglo I, lo dice con estas palabras:

> Cuando los actos de una persona superan su sabiduría, su sabiduría sobrevivirá; pero cuando la sabiduría de una persona supera a sus actos, la sabiduría no resistirá.

Esto me parece completamente equivocado. Nuestros ideales son *siempre* más elevados que nuestras tentativas de cumplirlos. Incluso cuando mejor lo hacemos, no hacemos más que deslizarnos sobre el delgado filo de nuestros ideales. Si no lo creyera, si tuviera la sensación de que debería deshacerme de toda hipocresía antes de hablar de mis ideales, apartaría las manos del teclado ahora mismo y me las llevaría a la boca para tapármela. Si nos tomamos al pie de la letra el adagio «predica con el ejemplo», la única opción que nos quedaría sería menospreciar la poca sabiduría que tenemos o, al menos, guardárnosla para nosotros. Es preferible que inspiremos y espiremos nuestros ideales en la práctica lo mejor que podamos, como si fuéramos un acordeón que se llena de aire sin emitir ningún sonido y solo hiciera música cuando el canal de aire se abre hacia el exterior. Las melodías que producimos nunca se igualan a la mejor que podemos imaginar, pero esta es una triste excusa para no dar voz a nuestros ideales. Con el debido respeto al santo rabino, la única sabiduría que perdura es aquella que no queda silenciada por su fracaso en la práctica. Mis palabras son siempre mucho mejores que yo, pero no puedo subestimar esta idea considerándola un simple fallo mío. Es parte de la vida, uno de los roles que desempeñamos (que es lo que en la antigua Grecia significaba la palabra «hipocresía»), y no un veneno que infecta la totalidad del conjunto de roles que conforman nuestra existencia.

Tal vez esto explique de algún modo por qué preferimos las historias con final. Sabemos muy bien que este no es un final real, que hasta la muerte nos sorprende con un pie todavía en el aire, a punto de dar el paso siguiente. Pero nos gusta creer en los finales porque no podemos obligarnos a reconocer que *nunca* nos acercamos siquiera a vivir de acuerdo con nuestros propios ideales; menos aún con los que nos enseñaron cuando éramos niños. Sencillamente, llevamos la hipocresía incorporada en nuestra propia naturaleza porque *queremos* que las cosas acaben perfectamente, pero *sabemos* que no será así. Esto debería darnos una lección de humildad, pero en lugar de ello acabamos imponiendo nuestro deseo de un final a las personas que nos rodean que no consiguen vivir estando a la altura de lo que se espera de ellos. Más que vigilar o supervisar el camino que lleva hacia un adecuado fin de los acontecimientos, la civilidad nos reclama que cerremos el círculo sobre lo que hay de bueno ante nosotros para encontrar un modo de que ese momento acabe reportando armonía.

¿Quién de nosotros no se sentiría abochornado ante la desnuda realidad de la falta de consonancia entre nuestras palabras y nuestros actos? Pero ¿significa eso que dejamos de buscar la verdad y de compartir lo que vamos encontrando por el camino hasta que logramos estar a su altura?

La civilidad que desearía elogiar aquí no tiene nada que ver con el heroísmo moral, ni con la virtud angelical. Al contrario, es más bien honestidad común y corriente y cotidiana que está perfectamente al alcance de cualquiera. Sin ella, hasta el acto heroico más noble se desmorona rápidamente convirtiéndose en arrogancia. Como método de argumentación, el recurso a anécdotas puede parecer un poco incompleto. Pero, una vez más, nuestro objetivo no es exponer un conjunto claro de principios de conducta racional que se puedan defender en abstracto para, a continuación, aplicarlos a nuestras interacciones concretas con los demás con cierto grado de confianza. Consiste más bien en encontrar un modo de actuar con fluidez con nuestro entorno, igual que una cuerda vibra sin esfuerzo ante el sonido de otra. El hábito de la civilidad es el equivalente conductual de lo que William James denominó el «sentimiento de racionalidad», ese dispositivo que nos ahorra trabajo y nos permite encontrar un equilibrio entre, por una parte, la necesidad de disponer de ideas sencillas y manejables y, por otra, la de tener una imagen clara de la realidad en su plena totalidad. No es una renuncia a la razón, sino su utilización práctica alcanzada a base de infundir lo irracional —la «pasión» de la que hablaba Erasmo— en lo racional.

No pretendo insinuar que tener convicción en nuestras creencias sea el enemigo natural de la civilidad. Pero la certidumbre *sí* lo es. Nada nos ciega tanto a nuestra naturaleza «frágil y obstinada» como el rechazo por principios a aceptar las limitaciones de nuestra capacidad para comprender las situaciones de la vida. Sacralizar nuestra lucha contra la injusticia y nuestra moral de certidumbre acaba envenenando la civilidad en algún momento u otro. En nombre de alguna verdad superior de la que estamos convencidos más allá de toda duda, diluimos nuestro instinto originario de vivir en armonía con los demás en nuestro instinto más bajo de imponerles conformidad con nuestras formas de pensamiento y de conducta. No me refiero solo a ideologías nacionalistas o imperialistas. Incluso una religión que difunde un mensaje de amor universal puede verse corrompida por el sueño de un catecismo perfecto hasta llegar a incurrir en la intolerancia fanática contra aquellos que mantienen creencias discrepantes. La civilidad no es una causa, sino una cualidad esencial para proteger de su lado oscuro todas las causas que entran y salen de la historia desde una época hasta la siguiente. Aunque la civilidad haya quedado huérfana por la omnipresencia de las acuciantes preocupaciones morales cotidianas, sigue estando ahí delante de nosotros, en ejemplos de la vida cotidiana que nos corresponde a nosotros emular. Si no mantuviera la convicción en esa creencia, me habría desesperado hace mucho ante el futuro colectivo de la raza humana.

Tal vez no esté usted de acuerdo conmigo en que la renuncia deliberada a las certidumbres ante las incertidumbres de la vida sirva de algo para abordar nuestro experimento colectivo con la existencia humana. Quizá podría replicar que ese tipo de renuncia no es posible —o siquiera deseable— a gran escala. Solo pido que sea indulgente conmigo un rato más, hasta que lleguemos al núcleo de la cuestión, donde estas discusiones superficiales acerca de la verdad y la certidumbre encuentren un entorno más adecuado que el que les he proporcionado hasta ahora. Aun así, puede ser que no acabe usted convencido. He dedicado mi vida a hacer malabarismos con una enorme diversidad de ideas y perspectivas. Tal vez sea una cuestión de temperamento, pero albergar en la mente al mismo tiempo una serie de posibilidades diferentes me ha resultado más satisfactorio que probar suerte a construir un edificio uniforme para que los demás entren y se formen su propia opinión sobre el proyecto. Este breve libro y su defensa del sentido ordinario de la civilidad es un ejemplo. Por contundente que pueda parecer mi forma de expresarme, le advierto que no espere más que un malabarismo.

Comoquiera que sea, antes de que empecemos a enumerar todas las cosas que la civilidad *no puede* conseguir, deberíamos tomarnos muy en serio lo que *sí* puede lograr. Y es mucho más de lo que muchos de nosotros estamos acostumbrados a reconocerle.

Hace unos años, en unos grandes almacenes de Japón, estaba yo en una de las colas de un ascensor esperando a que llegara a nuestra planta. Justo entonces pasó al lado una joven que llevaba un bebé en su sillita; vestía un top de tirantes y unos vaqueros rotos. Llevaba el pelo de punta y de color rojo y azul chillón, carmín negro y un arete atravesado en el labio inferior. Absorta en lo que quiera que estuviera escuchando por los auriculares, parecía ajena a lo que sucedía a su alrededor y llegó contoneándose hasta que se detuvo delante de las puertas del ascensor impidiendo el paso. Una anciana que esperaba sentada en un banco junto a la pared que teníamos detrás dejó el periódico y la increpó.

—¿Qué cree que está haciendo? ¿No tiene usted modales?

Todo el mundo bajó la cabeza un poco anonadado, llevando la mirada a hurtadillas desde el cochecito de bebé hasta el banco, con cuidado de evitar mirar directamente a alguna de las dos partes, pero inquietos por ver qué iba a suceder a continuación. La anciana levantó la voz y prosiguió.

—De verdad, cómo son los jóvenes de hoy. Qué egoístas. No piensan nada más que en sí mismos. ¿No ves que estás en medio de las puertas adelantándote directamente a todas estas personas, sin siquiera decir «disculpe, me permite»?

Nadie dijo una sola palabra, pero yo pude apreciar cierto vínculo de simpatía confusa entre los testigos. Por supuesto, la anciana tenía razón. Y, sin embargo, ceder el paso a una madre con su bebé es un simple detalle de cortesía ordinaria...

¿Y qué cree que dijo la joven en respuesta a la reprimenda que le acababan de echar en público? No hizo lo que se podría esperar.

Se quitó los auriculares, bajó la vista y se inclinó ante la anciana.

—Mis disculpas. Lo siento.

Mientras retrocedía hasta el final de la cola, se dirigió a quienes estaban a la derecha de la puerta y repitió la disculpa y, después, otra vez a los que guardaban cola a la izquierda.

Todo el mundo asintió con un gesto de reconocimiento. La anciana sonrió a la infractora, ladeó ligeramente la cabeza y los hombros como queriendo ofrecer una disculpa a todos los presentes y, a continuación, tomó el periódico y siguió leyendo.

A esto es a lo que me refiero cuando hablo de civilidad.

No pretendí ser sarcástico cuando sugería que aquella situación no se resolvió como se podría esperar. Solo quería decir que aquella escena podría haberse desarrollado de un buen número de formas distintas. Los testigos podrían haberse implicado apoyando a la madre y el bebé, o haberse puesto del lado de la anciana. La propia joven podría haber replicado para defenderse o, sencillamente, haber dado la espalda a las recriminaciones que se lanzaban contra ella. Póngase en su lugar e imagine lo que habría sentido al verse avergonzada así en presencia de unos absolutos desconocidos y cómo reaccionaría si la madre con el cochecito hubiera sido usted. Y ahora recompóngase y pregúntese si el repliegue y la inacción de la joven no fueron exactamente lo mejor para todos los implicados, incluida ella misma. Si alguno de los que estábamos allí nos hubiéramos apartado de inmediato y hubiéramos invitado a la madre a ocupar nuestro lugar en la cola, la decisión habría avergonzado a la anciana. Si alguno de nosotros hubiera puesto mala cara habría provocado que otras personas también manifestaran su valoración sobre el suceso. En cambio, la situación en su conjunto y todos los que participamos en ella nos dejamos llevar por algo más importante que el conflicto que se avecinaba. Sin duda, la anciana quiso dar una lección a la joven madre, tal como parecen hacer cada vez más las personas conforme se van haciendo mayores. En realidad, fue la joven madre la que le enseñó algo a la anciana, además de al resto de nosotros, sin siquiera darse cuenta. Al asumir toda la responsabilidad y el pequeño sonrojo de bochorno implicado, permitió que se restableciera la calma.

Para mí, aquella reacción ha quedado en mi memoria como un ejemplo de bondad humana elemental; algo digno de emulación porque fue absolutamente ordinaria y espontánea y, sin embargo, tan inesperadamente ratificatoria de la simple civilidad.

Para conocer la civilidad no es tan importante escarbar en las motivaciones o examinar la consistencia entre los principios y la acción como fijarse en la recepción. A la civilidad se la reconoce cuando se la ve. Es una de esas cosas que sentimos como una corazonada antes de poder analizarla o expresarla con palabras. En realidad, no se puede comprender realmente sin · retroceder hasta el momento en que se puede decir que algo *parece que estaba* bien antes de que decidiéramos detenernos y valorar si *estaba* bien y explicar *por qué*.

La civilidad es una especie de arte moral. No es ese tipo de comportamiento que se pueda definir con claridad y, a continuación, buscar o enseñar según la definición y su corolario de ejemplos. No es que sea indefinible, pero cualquier definición que se nos ocurriera nos dice muy poco sobre lo que nos hace falta saber.

Pensemos en la definición que da el diccionario de la palabra «abuela»: «Madre de uno de nuestros padres». En abstracto sí, pero eso es absolutamente distinto de lo que la palabra significa realmente. Al pretender abarcarlo todo, dice demasiado poco. Para mí, «abuela» significa tarta de manzana enfriándose en la repisa junto a la ventana, un montón de hojas en el jardín bajo un roble enorme donde podía saltar y brincar, una escapada a la tienda para comprar algo que mi madre no me iba a comprar, la incomodidad de que te abracen estrechándote contra un pecho enorme, una fotografía de Liberace puesta en la cómoda del comedor, una caja de chucherías y recuerdos antiguos en la salita junto a un televisor que emite una telenovela, un colchón viejo y deformado con mantas de diversos colores y... bueno, se entiende. Y esto es solo una de mis abuelas y solo el significado que tenía para mí siendo niño. Por no hablar de los recuerdos que *asociamos* con la palabra. Una abuela es toda una constelación de impresiones, recuerdos e imágenes entre las que deambular sin ser capaz siquiera de ponerlas en palabras; o sin haber visto nunca realmente la necesidad de hacerlo.

La civilidad es así. La reconocemos cuando la vemos y aprendemos más de ella cada vez que la vemos. Claro que lo que hacemos ante algo que vemos es importante; pero también lo es simplemente *verlo*.

Debería ser obvio que el error de la joven madre fue algo más que un lapsus de modales. Fue tan inconsciente como desagradable resultó la arremetida de la anciana. Por eso mismo, la forma en que resolvieron la situación fue algo más que un mero acto de educación, pero también algo menos que un gesto caballeroso o cortés. Fue un acto de civilidad, nada más y nada menos. La educación, los modales y la cortesía, cada uno a su modo, neutralizan la incivilidad. Pero lo que vimos aquel día en los grandes almacenes no fue cortesía, ni buena educación, ni heroísmo. Al contrario, fue tan ordinariamente natural y estaba tan obviamente al alcance de todos nosotros que cualquiera de entre quienes lo presenciamos debió de haber sabido instintivamente que la joven había hecho lo correcto. Durante un fugaz instante, recuerdo haber tenido un mejor concepto de mí mismo, casi como si en un caluroso día de verano hubiera pasado junto a mí de repente una racha de brisa fresca. Estoy acostumbrado a tener mejor concepto de mí mismo cuando mis valoraciones o mis actos han triunfado frente a alguna adversidad o ignorancia, grande o pequeña. Pero aquel día, por razones que todavía no puedo explicar del todo, me sentí orgulloso simplemente de ser humano y de tener que enjugarme las lágrimas cuando entré en el ascensor.

Por supuesto, a veces vemos la civilidad en acción y no nos gusta lo que vemos. Ciertamente, la joven madre de nuestro ejemplo hizo lo correcto. Pero, en otras circunstancias, particularmente en las que nos afectan personalmente y ponen a prueba nuestras convicciones más sólidas acerca de lo que está bien o es racional, nuestra mente se rebela instintivamente contra la idea de que podemos ser buenos y razonables sin emprender ninguna acción o sin contener el juicio. El paso es así de mínimo: sí, pero ¿y si la madre fuera de otro país y no estuviera al tanto de las costumbres locales? ¿Y si la anciana llevara horas allí sentada simplemente esperando a que alguien quebrantara las «normas»? ¿Y si en el cochecito no hubiera un bebé, sino una bolsa grande de comestibles? ¿Y si..? Así es como nos protegemos contra los ataques de arrogancia de nuestros hábitos de pensamiento cotidianos. Nos apartamos de lo que ha pasado delante de nosotros y nos sumimos en una nube de abstracciones y creamos escenarios imaginarios que nos permitan seguir como antes, impenitentes, impenetrables; casi como si nuestros hábitos de pensamiento fueran una membrana semipermeable que nos concediera libre acceso al mundo que nos rodea, pero no permitiera que penetrara nada desde el exterior.

Todos sabemos lo que supone resistirse a las exigencias que deposita sobre nosotros un encuentro con la auténtica bondad. Nos resulta más fácil batirnos en retirada hacia el mundo del pensamiento categórico y genérico, donde la imaginación estrangula rápidamente la vida y nos mantiene ajenos a lo que sentimos, desplazando nuestra atención hacia un hipotético «¿y si...?». Enfrentados a un enfado incluso menor, cuán a menudo elegimos afianzarnos con firmeza y plantarnos en nuestros principios en lugar de dar un paso atrás y reprimir el impulso de intervenir y tomar partido. Por mucho que odiemos reconocerlo, muchas veces nuestra injerencia tiene menos que ver con la intención de respaldar lo correcto frente a lo incorrecto y la verdad frente a la falsedad que con el simple deseo de introducirnos a nosotros mismos en situaciones que seguramente se enderezarían solas antes sin nosotros. Las generalizaciones nobles y moralistas que llevamos con nosotros a todas partes para orientarnos acaban propagando una infección que una pizca de civilidad podría haber contribuido a aliviar. Y mientras tanto, en el fondo de nuestro corazón, ya lo sabíamos.

Heráclito lo comprendió bien hace dos mil quinientos años: «Todo fluye». Así es como sucede con las cosas de la vida. Cualesquiera que sean, con independencia de lo que pensemos de ellas, una cosa está clara: están constantemente en movimiento. Así es como marchan las cosas y, en realidad, no hay nada que podamos hacer para detenerlas. No podemos siquiera definirlas adecuadamente en su entorno originario, del mismo modo que no podemos escribir sus nombres sobre la superficie de un río. Que podamos sacar las cosas de la corriente, colocarlas en el suelo y secarlas para echarles un vistazo detenido antes de volver a arrojarlas a la corriente es, al mismo tiempo, una maldición y una bendición de la mente. Esto nos permite, según nos decimos a nosotros mismos, observar cosas particulares «en concreto», cuando en realidad este acto de extraerlas de la corriente es la forma de pensar las cosas «en abstracto»: así es como apartamos la mirada de lo concreto —del conjunto de la confusa y enmarañada concrescencia a la que pertenece— con el fin de manejarlo para los fines que nos proponemos. Sin este don, no seríamos capaces de hablar, ni de fabricar herramientas. Ni siquiera de soñar.

Al mismo tiempo, cuanto más profundamente arraigados se encuentran nuestros hábitos de pensamiento categorizador, menos preparados estamos para lo novedoso. En nuestra búsqueda de las palabras para describir acontecimientos, intentamos atrapar definiciones, lo que tiene como consecuencia que, sin darnos cuenta, cualquier novedad que tuviera que ser descubierta se volatiliza y flota libremente entre las ideas y valores que teníamos antes de que hubiera sucedido nada. Esto es lo que vuelve tan poderosa la experiencia auténtica de lo novedoso: nos arroja de nuevo al río. Durante lo que tal vez sea solo un momento fugaz, la mente forma parte del «todo fluye». Solo cuando estamos de nuevo a salvo, cómodos y en la orilla seca, podemos respirar con facilidad y recuperar nuestro lenguaje para hablar acerca de lo que acaba de suceder. La novedad es siempre una especie de país extranjero. Nos hace descubrir en qué medida los hábitos de la cultura cotidiana controlan nuestros pensamientos y nuestros actos. Las abstracciones y las definiciones sobre las que descansa el pensamiento genérico se nos hacen transparentes cuando no funcionan como esperábamos que lo hicieran.

La pura bondad que sentí en el breve intercambio entre la anciana y la joven madre fue justamente una de esas experiencias de novedad. Lo que hacía *pura* la bondad era que, en realidad, no pertenecía a nadie en particular, sino a un suceso que cristalizó ante nuestros ojos. No era una cuestión de repartir culpas o atribuir méritos. Nosotros simplemente permanecimos inmóviles y contemplamos cómo se producía la bondad hasta que llegamos a formar tanta parte de ella como las dos protagonistas. En cuanto a mí, solo recuerdo que me vi sorprendido, desprevenido, sin habla y sin una palabra o un pensamiento a los que agarrarme. Todo sucedió en menos de un minuto, pero cuando vuelvo a pensarlo ahora, no puedo evitar reparar en que lo habitual en mí habría sido escapar para refugiarme en los castillos en el aire de los juicios categóricos para, desde allí, diferenciar lo correcto de lo incorrecto y, después, marcharme imperturbable con solo un *souvenir* que llevarme de recuerdo. Si las cosas no hubieran ido como fueron, si por una u otra razón se hubiese impuesto la incivilidad, yo me habría ahorrado el impacto de la novedad y, ciertamente, no habría hecho más que eso.

Por curioso que resulte, habría sido más cómodo, o al menos más previsible, que una de las partes *no* hubiera retrocedido y no hubiera asumido la responsabilidad, o que los demás hubiéramos intervenido para dar nuestra opinión. Pero la momentánea satisfacción personal que se podía obtener mandando callar a la anciana o uniéndose a ella para recriminar a la joven madre no habrían sido nada bueno para nadie. ¿Qué es lo que me haría pensar por un instante que convertir el conflicto en un litigio podría ser «bueno» para mí o para la sociedad en general? ¿Por qué exagerar la importancia del problema convirtiéndolo en una cuestión de principios de buen comportamiento, cuando una palabra y una inclinación de la cabeza bastaron para apaciguar los sentimientos heridos y dejar a ambas partes escarmentadas sin que nadie hubiera tenido que intervenir?

Abstraernos es, literalmente, nuestra forma de arrancarnos de lo concreto. Me asombra con cuánta frecuencia salgo a comer con amigos o colegas y la conversación pasa de versar sobre lo que estamos comiendo para ocuparse de lo que comimos la semana anterior, o de lo que nos gustaría comer la semana siguiente. Una vez que hemos probado la comida y hemos comentado lo suficiente, alguien hablará de otro restaurante, y alguien de otro más, hasta que la comida que tenemos ante nosotros se vuelve invisible y previsible. Recuerdo haber recorrido en coche los Alpes suizos un invierno con algunos amigos y habernos detenido para salir y admirar la majestuosidad de un valle inmenso extendido ante nosotros y cubierto de una capa de nieve recién caída, interrumpida únicamente por unas cuantas casas dispersas de cuyas chimeneas salía humo. Con seguridad, no pasó mucho tiempo hasta que alguien rompió el silencio. «¡Imagina el espectacular aspecto que debe de tener esto en primavera con las montañas cubiertas de flores!». ¿Cómo es que preferimos tranquilizarnos con la idea de que tenemos la situación bajo control antes que sencillamente conmovernos? ¿Acaso no es ese mismo impulso el que nos autoriza a exorcizar las más mínimas infracciones mediante la invocación de un principio moral que también nos lleva a imaginarnos apartados de lo concreto y en brazos de algún tipo de abstracción?

En el fondo, es el mismo impulso que hace avanzar a la ciencia. Solo interrumpiendo la concrescencia, congelando el fluir, descomponiéndolo y convirtiéndolo en bits de datos, somos capaces de formular las leyes y principios subyacentes que nos permiten obtener cierta dosis de control sobre el flujo azaroso del mundo que nos rodea. Las anécdotas no hacen avanzar a la ciencia. Si acaso, bloquean el camino hacia la experimentación objetiva y la predicción.

En cambio, la sabiduría humana —y en ninguna ocasión más que cuando se vive— no avanza a base de acumulación de datos o con el descubrimiento de leyes basadas en lo que hemos conseguido recoger y ordenar. Se la hace avanzar mediante la anécdota, y en ningún otro sitio más que en estas situaciones tan densas en las que la esencia de nuestra humanidad parece estar embutida en una narración. Al igual que la joven madre con el pelo de punta y los vaqueros rotos, inclinando la cabeza ante algo que era más importante que ella misma.

Dos

Hace muchos años, mientras estaba en Londres tomándome un descanso de mis estudios, iba caminando casualmente hacia Trafalgar Square y me detuve ante una estrecha calle lateral para dejar pasar a un taxi. Y después a otro, y a otro... Mientras esperaba a que dejara de haber tráfico para cruzar a toda prisa, reparé en que de pie, a mi lado, había una anciana. Al igual que yo, solo llegaba a poner un pie en la calle y tenía que retirarlo para evitar que la atropellaran. Era bajita y estaba encorvada y, obviamente, era demasiado débil para poder cruzar corriendo. La tomé amablemente del brazo y, con la otra mano, hice una señal al vehículo que se aproximaba para indicarle que redujera la velocidad y nos dejara cruzar. Avanzamos despacio y, al cabo de unos segundos, habíamos llegado a la otra acera. Antes de que pudiera soltarle el brazo y darle las buenas tardes, ella se soltó bruscamente de mí con una sacudida y se fue renqueando calle arriba. ¡Vaya con la vieja bruja!, pensé. Es como si la hubiera llevado arrastrándola contra su voluntad. Ni siquiera ha llegado a darme las gracias...

Pero aquel día aprendí algo y soy *yo* quien tiene que darle las gracias a *ella*. Yo estaba furioso mientras iba cruzando la plaza hasta la National Gallery, donde me esperaba un amigo, e iba mascullando para mis adentros algo sobre la ingratitud que había padecido. Tal vez fuera por efecto del agua de la fuente que el viento rociaba en mi dirección, pero me sentí de repente apartado de mi enojo tan bruscamente como ella había apartado su brazo del mío.

Me senté al borde del agua para refrescarme, cerca de uno de los leones de bronce. ¿Por qué la había ayudado?, me pregunté. Si era porque ella necesitaba ayuda, entonces, mientras ella aceptara la ayuda, ¿qué importaba si me daba las gracias o no? Si me *hubiera* dado las gracias, jamás se me habría ocurrido formularme semejante pregunta. Yo me habría jactado rebosante de orgullo bajo mi resplandeciente coraza de satisfacción personal, sin darme cuenta de que la ayuda que había prestado a la anciana ya era suficiente acuse de recibo. Todo lo demás era ego y amenazaba con apoderarse de lo que en realidad no era más que un acto ordinario y espontáneo de civilidad.

Muchas veces, la civilidad nos ofrece simplemente una de estas oportunidades para olvidarnos de nosotros mismos. No se trata tanto de algo que *hacemos nosotros,* sino de algo que *sucede* cuando nos olvidamos de nosotros mismos y nos quitamos de en medio. En este sentido, es diferente de ser atento o considerado con alguien con quien mantenemos una relación de humanidad, aunque esa relación solo empiece mientras estamos esperando a su lado en la acera y tratando de esquivar a los taxis. Ser atento es más deliberado, más consciente y, como tal, acentúa nuestro carácter moral y afecta a la calidad de una relación. La civilidad es más simple, menos demandante de reflexión. No es racional o irracional, atenta o desconsiderada. No tiene que ver con la ética, ni con la virtud, ni con el fortalecimiento de unos lazos. Tiene que ver con sacudirse el ego de las cosas que hacemos sin siquiera volver a pensar en la pureza de nuestras motivaciones. Esa es su virtud especial. Hay dos formas de fregar los platos. Podemos fregarlos para hacer algo bueno por alguien; o podemos fregarlos para que estén limpios. La primera forma dice «yo he fregado los platos»; la segunda, «los platos están fregados». Decir que algo es más simple no significa que sea más fácil. Levantar un frigorífico es simple, pero muy duro; atarse los zapatos es complicado, pero fácil, sobre todo si no nos paramos a pensar cómo lo estamos haciendo. En el caso de la civilidad, actuar con espontaneidad es la parte fácil. Observar los resultados sin dar más vueltas a nuestro papel es mucho más difícil.

El consejo de quitarnos de en medio del que estamos hablando aquí no supone una exigente lucha durante toda la vida que requiera una gran disciplina y fortaleza espiritual. La mayoría de las confrontaciones de nuestra vida cotidiana —desde una mera disputa por las palabras hasta el choque de opiniones enfrentadas o la frustración ante los actos de otro— son en realidad mucho más banales y menos importantes de lo que pensamos en el momento. Comparado con esos enfados menores en los que se ponen a prueba los buenos modales, o con aquellas otras situaciones de mayor calado en que nos vemos enzarzados en un debate por alguna causa por la que sentimos verdadera pasión, las situaciones que requieren civilidad son mucho más habituales. Es cuando infectamos lo banal y lo poco importante con el ego cuando esas situaciones prenden hasta convertirse en una gran conflagración, en la que a continuación tenemos que adentrarnos y, acto seguido, sofocar. Podemos descubrirnos a nosotros mismos enfadados cuando alguien pierde la compostura ante la menor provocación y desear sencillamente que «lo supere». Pero qué pocas veces nos enfadamos con nosotros mismos por convertir una trivialidad en un grito de guerra para defender nuestro territorio por principios.

Como argumento, esta forma de defender la causa de la civilidad puede parecer demasiado obvia y, probablemente, también demasiado ingenua. Desde que éramos niños, las personas han venido diciéndonos que deberíamos ser más amables y más agradables con el prójimo. Después, acabamos por enfrentarnos al mundo *real*, donde aprendimos qué débiles nos hacía parecer ese consejo y cuán escasas eran las recompensas por seguirlo. Así que, con un gesto de asentimiento a la educación que hemos recibido, perfeccionamos nuestros modales, pero solo en la medida en que nos dejen un margen amplio para el sarcasmo y la ironía con el fin de que estos hagan el trabajo de impulsar una colisión frontal sin tener que responder por las consecuencias. Y cuando eso no es suficiente, simplemente podemos dejar por completo al margen la amabilidad.

Seamos claros, la civilidad no es una fantasía infantil. Al igual que su hermana mayor, la amabilidad, no siempre es educada o agradable. A veces está obligada a enseñar algo. Y sus enseñanzas pueden resultar duras para quienes no están preparados para recibirlas. Sobre lo único que me gustaría insistir aquí es sobre el hecho de que la civilidad prospera mejor cuando se le permite acontecer sin ninguna arrogancia por parte de aquellos que la aplican a las inconveniencias de la vida. Me viene a la mente un ejemplo de cómo la amabilidad altruista revela los cimientos de la civilidad.

Sucedió un verano, durante una estancia prolongada en la isla de Creta, donde me había apartado para concluir un largo artículo sobre el poeta Nikos Kazantzakis para una revista literaria griega. Su viuda, Eleni, que en aquella época vivía exiliada en Ginebra, había organizado todo para que me alojara en una casita de la costa septentrional de Heraclión. Un día, tomé un autobús para bajar a las ruinas del Palacio de Cnosos. Un arqueólogo de mi universidad en Cambridge me había dado a conocer los relatos románticos de Heinrich Schliemann y las investigaciones de Arthur Evans, más rigurosas. Yo estaba ansioso por ver con mis propios ojos lo que quedaba del gran laberinto donde se encerraba el legendario Minotauro y que había servido de inspiración para la descripción que hace Kazantzakis del «rito del toro» en su extenso poema épico *Odisea*. Me senté bajo la escultura del toro y del árbol de la vida y estuve escribiendo algo en mi diario mientras tres grupos de turistas franceses paseaban por entre aquellas imágenes ruinosas y rotas, tratando de prestar la menor atención posible a las pormenorizadas explicaciones históricas de su guía.

Antes de que pudiera darme cuenta, el sol se había hundido en el horizonte y el aire se había enfriado repentinamente. Pude oír a lo lejos el perezoso resoplido de un motor y salí a la carrera hacia la parada del autobús. Llegué demasiado tarde... y era el último autobús del día. Así que ahí estaba yo con mi camiseta, empezando a tiritar y preguntándome adónde acudir en busca de ayuda. Confiaba en que a medida que fuera oscureciendo apareciera la luz de alguna casa cercana, pero lo único que se veía era el inquietante perfil de los olivos, sus sombras moviéndose con el sol poniente como brujas jorobadas vagando por las colinas. El único sonido, el soniquete metálico del cencerro de una cabra, a lo lejos. Había más de cinco kilómetros de distancia de regreso a Heraclión, pero no tenía forma de saber dónde trazaba sus curvas la pedregosa carretera sin iluminar para acabar llegando a la ciudad. Me senté debajo de un árbol tratando de recuperar la cordura y la sensatez para atreverme a emprender el camino que me quedaba por delante en medio de la oscuridad.

Justo en ese momento oí un ruido procedente del sur. Cuando se acercó un poco más, pude ver lo que parecía ser un carro tirado por un burro con un campesino rudo y modesto sentado en el asiento del conductor. Cuando me vio, gritó algo al burro y detuvo el carro. Preguntó adónde iba y cuando respondí «a Heraclión», dejó escapar una sonora carcajada.

—Ha perdido el último autobús, ¿verdad? Muy bien, suba.

Subí con impaciencia y me acuclillé agarrándome a los tablones laterales para mantener el equilibrio cuando el carro se iba inclinando ligeramente hacia uno u otro lado por la pedregosa ruta de regreso al mundo de la luz, el calor y la compañía humana. El suelo del carro olía a una mezcla de forraje y estiércol, pero yo lo respiraba sin preocuparme, reconfortado por saber que me había ahorrado tener que confiar en mi pésimo sentido de la orientación en medio de la negra noche. Al cabo de media hora más o menos, grité al conductor.

—Cuando lleguemos a Heraclión, conozco un bar muy agradable cerca de la Puerta de Belén. Espero que me deje invitarle a una o dos copas de ouzo.

El arriero volvió la cabeza a medias y refunfuñó:

—¡Ojo a la rueda!

Bajé la vista para ver las ruedas de madera por un lado y, después, por el otro. Parecían lo bastante robustas y estar bien sujetas al eje. Aun así, las vigilé como se me había dicho. Después de pasado otro rato, traté de nuevo de trabar conversación con el arriero.

—¿Sabe una cosa? Nada me gustaría más que un buen *andikristo* de cabrito y cordero asado. Conozco un lugar...

En esta ocasión, volvió por completo su rostro tosco y curtido y me gritó:

—¡Ojo a la rueda!

Permanecí callado el resto del camino. Cuando llegamos a las murallas venecianas que rodean la ciudad, bajé de un salto y empecé a desplegar mi invitación por tercera vez.

—Ciertamente, no sé cómo puedo agradecérselo, pero si me permitiera...

Él me sonrió y dejó escapar otra carcajada.

—Mírate, yo diría que eres un pobre estudiante que se esfuerza por sobrevivir a duras penas. ¡Y quieres invitarme a cenar *a mí*! ¡Ja! ¿No me has escuchado cuando te dije que no perdieras de vista la rueda? Algún día tú tendrás tu carro con su burro y te toparás con un joven desventurado tiritando en plena noche y le llevarás adonde tenga que ir. No pierdas de vista la rueda. Ese día habrá completado el giro y ese día te llegará el turno de darme las gracias. No antes. ¡Antío!

Y diciendo eso dio la vuelta al carro y desapareció por el camino que acabábamos de recorrer.

Me quedé allí un instante, estupefacto y sin respiración. Saqué mi bloc de notas y escribí: *Hoy he conocido a un campesino que tenía un carro y un burro. Él ha cambiado mi vida.*

El acto de amabilidad desinteresada del campesino toca de lleno en el núcleo de la civilidad e ilustra que olvidarse de uno mismo es lo que marca la diferencia. La forma en que él me ayudó en el camino a Heraclión y la forma en que yo había ayudado a la anciana a cruzar la calle son polos opuestos. Él eliminó la necesidad de la gratitud ignorando la bondad de lo que había hecho por mí. Fue como un pescozón en la nuca. Yo era el que tenía un problema, no solo porque estaba soportando aquello en mitad de la oscuridad de la fría noche, sino también porque estaba demasiado poseído de mí mismo para aceptar su ayuda sin insistir una y otra vez en que lo compensaría.

En mi descargo diré que me educaron para que manifestara gratitud como un acto de reconocimiento ante un favor que se me hubiera hecho. Sabía por una larga experiencia para qué servía la cortesía. Su forma de rechazar esa cortesía ordinaria me enseñó algo para lo que la cortesía *no* podía servir. Fue algo que aprendí de su descortesía, igual que lo aprendí con la anciana a la que ayudé a cruzar la calle en Londres. Pero tampoco era nada que se pareciera a la sabiduría que había asimilado siendo niño cuando me balanceaba sobre el regazo de mi abuelo en el porche. En este caso no había profesor. O, más bien, fue el entorno en su conjunto el que obró la enseñanza. Mientras sostenía las riendas del carro con su burro, el campesino se había olvidado tan por completo de sí mismo que fue capaz de comprender sin esfuerzo la totalidad de lo que había pasado y de hablar de ello sin el menor atisbo de arrogancia. La razón por la que sus palabras cambiaron mi vida fue que él no tenía el menor deseo de que las palabras fueran *suyas*. Por lo que a él respectaba, resultó simplemente que pasaban a través de él para llegar a mí. Solo después quedó claro que, en el sentido más literal de la palabra, no había nadie a quien dar las gracias. La única gratitud posible ante semejante acto desinteresado habría ido dirigida hacia lo que quiera que haya en nuestra naturaleza que nos hace reconocer la verdadera amabilidad cuando la vemos. Esto es lo que he venido llamando civilidad y debería ser obvio que está a años luz de la cortesía y de los buenos modales de la ciudadanía civilizada que se insinúan en la etimología de la palabra. No era importante que *él me enseñara*, sino solo que *yo aprendiera*. Y para que eso sucediera él tenía que desaparecer de la enseñanza con toda naturalidad.

Una década después yo ya estaba ocupando un puesto académico en un instituto de investigación y viviendo en una casa con habitaciones libres para invitados. En un santiamén, la rueda completó el giro y yo no la había perdido de vista. Primero vino una joven que tenía problemas y temía por su vida. Después, un estudiante que se quedó sin un céntimo y estaba esperando a que su familia le echara una mano. Luego, una pareja mayor, una serie de estudiantes extranjeros, otra mujer que huía de una familia violenta y... bueno, durante los dos años siguientes vino a mi memoria una y otra vez el camino a Heraclión. Todas las veces, las palabras con las que me despedía de los invitados eran las mismas que el campesino me había dicho. «¡Ojo a la rueda!». Nunca antes había pensado en ello, pero mientras escribo estas líneas me asombra que ni uno solo de ellos me escribiera nunca después para darme las gracias. Supongo que todos encontraron su propio modo de responder al giro de la rueda. Solo pensarlo me hace sonreír.

Como su fundamento no reside en la amabilidad desinteresada, la civilidad nunca puede equivaler simplemente a buenos modales y cortesía ordinaria. No hay nada particularmente desinteresado o amable en el hecho de esperar hasta que todo el mundo se siente a la mesa para empezar a comer, o en utilizar los cubiertos en lugar de meterse el puré de patata en la boca con las dos manos. Se podría objetar que tampoco la amabilidad desinteresada tiene que entrar en juego cuando debemos decidir cómo reaccionar ante la grosería o la mala educación. No se trata solo de que algunas personas hayan nacido sin modales; todos hemos nacido sin ellos. Pero quienquiera que sea el causante o cualquiera que sea la ofensa, siempre va a haber en la vida formas de incivilidad que amenacen nuestro sentido de la civilidad; ya sea de manera superficial o hasta la misma médula. Se puede obrar con civilidad con quienes tienen malos modales y, al mismo tiempo, nuestros impecables modales pueden ser esencialmente inciviles. Es verdad que cuando no hay en juego nada más que una violación de las convenciones resulta fácil exhibir todo un despliegue de civilidad. Pero esto no quiere decir que es solo ante un conflicto grave o un auténtico daño que se pone a prueba el ánimo desinteresado de la verdadera civilidad. Esa era la cuestión en los dos ejemplos citados anteriormente; ninguno de ellos planteaba ninguna amenaza para la sociedad en general, pero ambos revelaban el núcleo de la civilidad en las circunstancias menos espectaculares mejor de lo que podría haberlo hecho cualquier encuentro con un comportamiento grosero o descortés.

Todos conocemos historias de personas que tienen que tomar decisiones al instante cuando su supervivencia depende de que tomen la decisión correcta. Tal vez algunos tengamos incluso alguna historia propia que referir. Pero dejamos todo atrás si permitimos que estos ejemplos pauten nuestra reacción ante cualquiera de las innumerables pequeñas frustraciones, inconveniencias, afrentas y diferencias de opinión que nos confrontan día a día. La expectativa de que nuestro instinto de supervivencia, nuestro compromiso con los principios y una mínima dosis de buenos modales basten para ayudarnos nos predispone ya para adoptar un pensamiento genérico, que a su vez nos predispone contra el *pensamiento colectivo* en el que florece la civilidad.

Le ruego que suspenda las connotaciones que habitualmente asigna a la palabra «colectivo», que seguramente comporta alguna especie de mentalidad de rebaño. Si excavamos en busca de los orígenes de la palabra quizá reconozcamos el compuesto latino de «reunir juntos». A diferencia del pensamiento genérico, cuya claridad proviene de que nos centramos en un elemento de conflicto o un agente específico y, después, nos elevamos sobre la particularidad de la situación para alcanzar una perspectiva más global, el pensamiento colectivo se esfuerza por quedarse justamente donde está para reunir los elementos particulares relevantes con la frescura de aquello que los reúne justamente aquí y en ningún otro sitio. No fija la mente en lo más alto de un torreón de principios inalterables, sino que la mantiene pegada al suelo, a ras de tierra, en el «lugar» mismo donde están sucediendo las cosas. Todo esto ocurre en un abrir y cerrar de ojos. Empezamos a pensar de una forma o de otra antes de saber incluso qué estamos haciendo. Más razón, entonces, para dar un paso atrás a fin de reconsiderar la importancia de reunir y recomponer las cosas antes de actuar.

Cuando era niño disfrutaba con las historias de Francisco de Asís, ese extraordinario santo del siglo XIII que hablaba al sol y a la luna... ¡y a los animales! Recuerdo haber tratado de hablar yo también a las mascotas, hasta que descubrí que carecía del requisito de la santidad para hacerme entender. Cuando crecí, acabé por comprender que su mejor destreza era la capacidad para *escucharlos*. ¿Dónde se situaba él para conseguirlo? ¿Podría yo encontrar ese lugar? Una leyenda concreta de las muchas que nos han llegado nos insinúa una respuesta.

Según cuenta la leyenda, la ciudad de Gubbio, en la región Umbría, vivía aterrorizada por un lobo. El lobo deambulaba por la población durante la noche y se llevaba el ganado, a veces incluso a alguno de los aldeanos. La gente tenía miedo a salir de su casa una vez que había anochecido. Desesperados, fueron a ver a Francisco para pedirle ayuda. Esa misma noche, al ponerse el sol, él partió en dirección a las colinas para buscar al lobo. Un pequeño grupo de aldeanos lo siguió a cierta distancia. Llegó a la entrada de un agujero que había en la ladera y se arrodilló. Enseguida salió el lobo y se quedó mirándole. Francisco hizo la señal de la cruz y miró al lobo a los ojos. Al cabo de un instante, extendió la mano para tomar una pata de la fiera, ya tranquila. Entonces, Francisco se volvió hacia los aldeanos y les explicó que el lobo tenía hambre y que si le dejaban algo de comida todas las noches al pie de las colinas, los dejaría en paz. Y eso hicieron y el lobo pasó a formar parte de Gubbio.

Con el paso de los siglos, la historia se fue adornando hasta convertirla en un milagro, momento en que ya dejamos de saber cuáles fueron los hechos que había detrás, si es que había alguno. Eso no significa que la verdad que encierra la leyenda haya mermado con el tiempo: encontrar el lugar desde donde se pueden ver las cosas colectivamente comporta saber cómo escuchar y qué escuchar. Si Francisco hubiera escuchado solo a la gente, solo habría tenido conocimiento de *su* problema, que era deshacerse del lobo. Pero recogió también el problema que tenía el lobo y lo hizo parte del de ellos, y con eso todo el mundo cambió.

Francisco empezó haciendo la señal de la cruz. La devoción popular considera que este gesto es una invocación del poder divino, pero yo creo que es algo mucho más terrenal. Hacer una señal en la frente, el pecho y los hombros con forma de cruz tuvo por efecto vaciar su mente, algo muy parecido a lo que hace un monje zen antes de vérselas con el enigma de un *kōan*. Es un gesto que simboliza la voluntad de desaparecer de la escena: «Me-vacío-a-mí-mismo-de-mí-mismo». Todo sigue en su sitio. No se añade nada, no se elimina nada. Pero los lazos mentales que ensamblan todas las partes se aflojan de tal modo que todo se puede recomponer y reconsiderar. Dentro de Francisco se abrió un hueco en el que pudiera resonar la voz del lobo.

Esta alusión a un santo no pretende dar a entender que haya algo moralmente colosal en quitarnos de en medio con el acto de pasar del pensamiento genérico a una especie de pensamiento colectivo. Sigo insistiendo en que está al alcance de la virtud ordinaria que la mayoría de nosotros aplica a los conflictos que la vida nos pone en el camino. Aun así, sin el esfuerzo deliberado ocasional de hacernos desaparecer a nosotros mismos, hay pocas posibilidades de conformar hábitos que nos permitan responder con naturalidad, en un abrir y cerrar de ojos, con auténtica civilidad. Quizá no haya ningún animal salvaje que aterrorice a nuestro vecindario, pero a diario nos vemos rodeados de situaciones equivalentes. Recuerdo una historia budista que cristaliza en la utilidad de encontrar un lugar donde situarnos y escuchar antes de hablar y actuar.

Un hombre y su esposa tenían problemas de comunicación. Sus disputas verbales se volvieron cada vez más frecuentes y acababan de forma cada vez menos amigable. Finalmente, el hombre se hartó y fue a visitar a un ermitaño que vivía en el bosque para pedirle ayuda. El santón lo escuchó pacientemente antes de darle consejo.

—Quiero que vayas a tu casa y que durante treinta días *escuches* lo que dice tu esposa. No respondas. Trata de no reaccionar siquiera en tus adentros. Simplemente escucha. Después, vuelve aquí y dime lo que has aprendido.

El hombre se marchó abatido. ¡Un consejo tan vulgar de alguien con fama de sabio! Las confrontaciones con su esposa se intensificaron hasta que, finalmente, él aceptó seguir el consejo y no decir palabra. Al cabo de unos cuantos días, fue capaz de apaciguar su impulso de continuar con la discusión calladamente consigo mismo. Cuando pasó el mes, regresó al bosque y buscó al ermitaño.

—Tenías razón. En realidad, no tenía ni idea de lo que ella trataba de decirme. Yo hablaba por encima de ella aunque no la estuviera interrumpiendo realmente. Las cosas van mucho mejor ahora. Te estoy profundamente agradecido.

Dicho esto, se dio media vuelta para marcharse, cuando el monje lo detuvo.

—Espera, solo has hecho la mitad del trabajo. Ahora quiero que vuelvas a casa y, durante los próximos treinta días, escuches todas las cosas que tu esposa *no* dice.

Con independencia de con quién estemos hablando, siempre hay algo que se está diciendo entre líneas. Por la razón que sea, tal vez nos quedemos satisfechos con dejarlo ahí y no sacarlo a la superficie. Pero muchas veces, aun cuando queramos, cuando más desesperadamente queremos hacerlo, no podemos. Modulamos la voz, el gesto, pero una parte de lo que tratamos de decir siempre parece escapar y quedar sin decir. Tal vez esto corroa nuestra autoestima y deteriore nuestras relaciones con quienes parecen incapaces de escuchar lo que estamos dejando sin decir. No podemos controlar la capacidad de atención de los demás, pero sí podemos ocuparnos de la nuestra, que, sin tener que decir una palabra, puede servir a los demás como un espejo que refleje con más claridad nuestra capacidad de *desaparecer* de la escena y comprender lo que está pasando a nuestro alrededor. Cuanto más nos olvidemos de nosotros mismos y más aprendamos a escuchar, más capaces seremos de recoger lo que está pasando a nuestro alrededor sin tener que clasificarlo primero, y más liberaremos a los demás para que lean entre líneas lo que nosotros mismos tratamos de decir.

Llegados a este punto, usted se estará preguntando qué hacer con todos estos elogios genéricos del pensamiento no genérico extraídos de unas cuantas anécdotas rebuscadas. Reconozco que hasta aquí mi argumentación ha aportado muy poco fundamento sólido para una teoría general acerca de la naturaleza de la civilidad y su conexión con los principios morales, los buenos modales, la amabilidad desinteresada, el pensamiento colectivo y, ahora, la capacidad de atención. Ni siquiera los ejemplos más arquetípicos sustituyen a la argumentación racional. Entonces, una vez más, la argumentación racional no sustituye al reconocimiento de la civilidad cuando la vemos.

Por mi parte, soy de la misma opinión que Erasmo, en cuanto a que la locura no es algo que haya que estudiar, sino algo que hay que saborear. Así también la civilidad. La joven madre con el pelo de punta y los vaqueros rotos, el campesino curtido con su carro y su burro, san Francisco mirando a los ojos al lobo, el marido esforzándose por escuchar el silencio de su esposa... todas y cada una de estas imágenes se elevan muy por encima de las particularidades del tiempo y la ubicación para dejarnos un margen con el fin de sustituir algunos elementos con las particularidades de nuestra experiencia acumulada. Reaccionamos ante ellas con una simpatía natural porque ya sabemos de qué están hablando. Sucede únicamente que no sabemos cómo encajan con las muy reales exigencias de la vida ordinaria. Nos arrastran hacia la magia del «había una vez, hace muchos años», que nos pone en contacto con algo que siempre sucede, aunque nunca nos sucediera a nosotros o, quizá, ni siquiera sucediera nunca.

Pensar con anécdotas es diferente de pensar con proverbios. Para empezar, las anécdotas requieren imaginación; tenemos que entrar en ellas para comprenderlas. Las verdades transmitidas con proverbios, o los fragmentos de sabiduría que asimilamos como si fueran proverbios, tienen más bien la naturaleza de esos moldes de galletas con los que se puede presionar sobre cualquier superficie una vez que se han amalgamado y alisado oportunamente todos los detalles. Obtenemos de ellas exactamente lo que esperamos, nada más, ni nada menos. Tanto si citamos un proverbio para apoyar nuestro curso de acción, como si lo hacemos para proponer otro, difícilmente cualquiera de ellos cumple con los requisitos de ser un pilar para una vida buena y moral. Casi en cualquier situación se nos puede ocurrir un fragmento de sabiduría en sentido contrario. «Más vale prevenir que curar», pero «las prisas no son buenas consejeras». «A quien madruga, Dios le ayuda», no cabe duda, pero «no por mucho madrugar amanece más temprano». Cervantes nos brindó un encantador prototipo de circularidad del pensamiento con proverbios con la figura del compañero de aventuras de don Quijote. Para todas y cada una de las situaciones y sus contrarias, Sancho Panza tenía siempre preparado un refrán ancestral. Él es el ejemplo por excelencia de lo que supone envolver lo novedoso en clichés y estereotipos, a diferencia de lo que hace el *caballero*[*] enloquecido, que estaba absolutamente absorto en vivir la novedad de cada momento en el mundo que él había inventado para sí mismo.

Como ya se habrá supuesto llegado este momento, para dar sentido a estas páginas tal vez haya que ponerse el mismo par de gafas que yo llevo puestas conforme las escribo. Una lente debería estar pulida para detectar la imagen que tenemos de una persona que actúa con verdadera civilidad; la otra, para abrir una ventana a nuestros recuerdos de auténtica civilidad en acción. Tal vez estas no sean las gafas que estamos acostumbrados a llevar para leer, pero le advierto que, si leemos sin ellas, el texto se volverá borroso y el significado será confuso. No es que pretenda apelar a alguna sabiduría superior a la que usted o yo no pudiéramos tener acceso. Tampoco me propongo recurrir a intuiciones más profundas que aquellas que cada uno de nosotros puede descubrir dedicando un momento a reflexionar sobre nuestra propia vida. Todos sabemos que ninguna filosofía y ninguna enseñanza sagrada es inmune a los daños que puede causar si se deja en las manos y las

[*]   En español en el original. *(N. del T.)*

mentes equivocadas. Como es natural, al carecer de semejante fundamento común, hay un riesgo constante de que lo que yo he escrito y lo que usted está leyendo no sea siempre lo mismo. Aun así, mientras coincidamos de vez en cuando, mientras aquí o allá se despierte algún recuerdo que le lleve a sumarse al elogio de la civilidad en general y a pensar un poco para cultivar esa búsqueda en las situaciones de su vida... con eso es suficiente.

Tres

Hace algunos años, un monje venido de Canadá que estaba en periodo de formación acudió de visita a nuestra casa y estuvimos hablando de las consecuencias que tenía emitir juicios por impulso o de improviso. Al cabo de una ronda de confesiones, algunas de ellas cómicas y otras bastante preocupantes, inclinó la cabeza hacia adelante y guardó silencio unos instantes. Todavía puedo verlo sentado a mi derecha en un sillón mientras sonreía y empezaba a referir una historia que había escuchado en el monasterio durante su formación acerca del célebre Hakuin, el monje de la escuela de budismo zen Rinzai del Japón del siglo XVIII.

La historia empieza cuando Hakuin regresa al templo Shōin-ji después de una prolongada gira por monasterios de todo el país. Los monjes se alegraron de ver de nuevo a su sabio abad y los aldeanos estaban encantados de volver a tener entre ellos a su renovado guía espiritual. Mientras estuvo ausente, una joven a la que Hakuin había estado enseñando a leer y escribir en la escuela del templo se emborrachó una noche y entregó su virtud a un joven carpintero de la aldea. Al día siguiente sintió remordimientos y trató de borrar todo aquel sórdido recuerdo. Como suele suceder, la naturaleza discrepó. Al cabo del tiempo resultó obvio para la familia que la joven estaba encinta. Su padre se puso furioso y exigió saber quién había sido el hombre, pero ella guardó el secreto porque temía por el bienestar del carpintero.

Al parecer, unos cuantos días antes de que regresara Hakuin, la joven dio a luz a un niño varón. Consciente del enorme respeto que su padre sentía por Hakuin, ella pensó que señalar como padre al santo abad quizá lo tranquilizaría. Todo lo contrario. El padre se dedicó a correr la voz por toda la ciudad de la desgracia que había sufrido su hija. Posteriormente, encabezó una comitiva de aldeanos para llevarlos al monasterio, donde aporreó la puerta exigiendo ver al abad. Hakuin apareció entonces acompañado de toda la comunidad de monjes, ansioso por saber a qué se debía todo aquel alboroto.

—Tú, reverendo abad, has abusado de mi hija y has avergonzado a nuestra familia. Desde ahora en adelante, el bebé es tuyo y tendrás que cuidar de él —dijo mientras le entregaba al pequeño.

—¿Es eso así? —respondió Hakuin, que tomó en sus brazos al recién nacido. Acto seguido, se retiró al interior del monasterio, donde cuidó del niño como si fuera suyo. Hakuin llevaba al niño consigo a todas partes, ya fuera a sentarse al salón de meditación o cuando cumplía con sus obligaciones en el templo. Incluso cuando iba a la ciudad a pedir limosna, hacía sonar la campana y entonaba algún *sutra* con el bebé en un brazo. Ante el escarnio de los aldeanos —«¡hipócrita, impostor, qué vergüenza!»—, él solo se limitaba a hacer una ligera inclinación y respondía:

—¿Es eso así?

Al poco tiempo, la joven ya no pudo soportar estar separada de su hijo y confesó la verdad a su padre. Esa noche, cuando toda la ciudad dormía, los dos acudieron a la puerta del monasterio y llamaron en voz baja:

—Reverendo abad, reverendo abad.

Al cabo de unos instantes, vieron una lámpara que se aproximaba por el corredor y salía al patio, donde estaban esperando. Hakuin salió allí con su camisón, con el niño todavía en brazos, mientras el padre bajaba la cabeza y empezó a hablar.

—Mi hija nos ha mentido a los dos. El niño no es tuyo, sino de un artesano local. Lamento profundamente el papel que he desempeñado en todo esto y, si nos devuelve el bebé, prometo respetar los deseos de ella.

Hakuin sonrió.

—¿Es eso así? —replicó, y de inmediato entregó el bebé al abrazo deseoso de su madre.

Se atribuye a Hakuin haber introducido el sistema *kōan* en la formación budista zen de Japón. Quienes adoptan esta disciplina aprenden enseguida que los enigmas y acertijos no son un fin en sí mismo que podamos olvidar una vez que se les ha dado respuesta para satisfacción de nuestro guía espiritual. Son un modo de entrenar la mente para que piense con claridad, para ver el *kōan* en los sucesos de la vida cuando otros nos presionan para que decidamos con la misma rapidez con la que ellos se han apresurado a decidir.

Dejando al margen todas las cuestiones del entrenamiento monástico, la afiliación religiosa y el toque narrativo, hay algo en nosotros que quiere saber dónde se situó Hakuin cuando hizo lo que hizo y dijo lo que dijo. Y cómo podemos situarnos ahí.

Cuando Hakuin aceptó con serenidad y sin defenderse el juicio de quienes lo acusaban, exhibió una confianza en el poder de la verdad que la mayoría de nosotros reserva para las discusiones estimulantes sobre el lugar que ocupa la naturaleza humana en el grandioso orden cósmico de las cosas. Como estrategia para salir adelante en la vida cotidiana parece bastante irreal. Tenemos que confiar en los poderes de nuestro propio pensamiento y en la eficacia del juicio precipitado para preservar el orden social y nuestro lugar en él. Pero también hay veces en que convertir nuestros pensamientos en juicios pasa a ser un obstáculo. Hakuin hizo lo que había que hacer sin pensar en atribuir culpas, permitiendo que todo el mundo recapacitara y esperando a que aflorara la verdad. Al abstenerse de tomar partido, incluso de tomar partido por sí mismo, dio tiempo para que los fragmentos de la historia se reordenaran por su propio peso y garantizaran que nada importante se había perdido por el camino.

Imaginemos qué habría sucedido si hubiera hecho lo que usted y yo podríamos haber hecho estando en su pellejo, negando las acusaciones desde el primer momento. Algunos aldeanos se habrían puesto de su lado y otros, del lado del padre de la joven. Los rumores y las antipatías se habrían impuesto, habrían vencido y habrían resuelto el enfrentamiento. Aunque finalmente se hubieran revelado los detalles de la cuestión, el padre y la hija se habrían vuelto el uno contra la otra en el transcurso de los hechos. Ambos habrían quedado avergonzados ante los ojos de los aldeanos y los monjes, igual que habrían quedado aquellos que hubieran dado por válidas las acusaciones en primera instancia; y el bebé habría quedado estigmatizado para siempre como símbolo de todo aquel sórdido asunto. Hakuin asumió la responsabilidad él mismo; no de algo que él hubiera hecho, sino de todo el entramado de relaciones que requerían una reparación. En un principio, su simple «¿es eso así?» debió de haber parecido el culmen de la vanidad o, al menos, una muestra de desapego insensible con respecto a lo que estaba sucediendo. Pero una vez que el niño fue devuelto a su madre, sus palabras adquirieron un significado más amplio. La necesidad acuciante de castigar a la parte culpable abrió un sendero para el perdón y la restauración de la armonía dentro de la familia y entre los aldeanos. Como se abstuvo de emitir su propio juicio, con el tiempo todos los implicados fueron capaces de no dejarse engañar por su propio juicio. La civilidad consiste esencialmente en darse tiempo para pensar colectivamente y confiar en nuestra capacidad humana para encontrar la verdad.

El ejemplo de Hakuin y la joven con el niño es conmovedor porque no tiene complicaciones. Las numerosas situaciones complejas a que nos enfrentamos en la vida y en las que un «¿es eso así?» no haría más que empeorar las cosas no nos proporcionan ese mismo tipo de clarividencia arquetípica. Nos hacen desconfiar de ella. Preferiríamos equivocarnos con nuestro juicio, retroceder y disculparnos donde debemos, pero nunca sin que un nuevo juicio sustituya al que acabamos de desechar. La vida nos enseña que mantenernos desnudos sin una opinión en un momento de conflicto es una señal de debilidad. Aun así, yo me aventuro a sugerir que no hemos tenido experiencias muy diferentes de las de Hakuin y que es debido a esos recuerdos por lo que, al menos por un instante, nos permitimos dejarnos conmover por su aplomo y por su civilidad ante la presión.

Alguien se nos cuela en una cola y, antes de que podamos expresar nuestra ira justificada para que todos la oigan, vemos que es el marido de una querida amiga y nos mordemos la lengua. La siguiente vez que alguien se nos cuela quizá nos lo pensemos dos veces antes de reaccionar, pero si no nos tomamos el tiempo para pensar por qué reaccionamos como lo hemos hecho y por qué tenemos los pensamientos que nos vienen a la cabeza, muy pronto volveremos a nuestra forma de actuar y volveremos a aplicar a las pequeñas molestias los mismos juicios categóricos y genéricos que aquellos con los que terminamos enredándonos ante los dilemas auténticamente complejos. La civilidad nunca puede acabar siendo un acto reflejo si solo nos arrastramos agachando la cabeza por los errores que cometemos al juzgar sin pensárnoslo dos veces.

No basta con reflexionar sobre nuestras incivilidades instintivas y nuestros juicios apresurados cuando estamos a solas dando un largo paseo por un bosque o tomando una copa de vino frente a la chimenea. Debemos ser conscientes cuando estamos en medio de ellas. Estamos esperando a un ascensor y la persona que tenemos delante da un paso atrás para dejar sitio para salir, con lo que nos pisa sin darse cuenta. Hacemos una mueca. Pero ¿qué es lo siguiente que hacemos? Quizá acusar a la persona de no ver por dónde pisa, y con ello la habríamos pisado a ella y a todas las personas que hay alrededor. También podríamos ignorar simplemente la descortesía. O podríamos retirar el pie y susurrar una disculpa al agresor, asumiendo la responsabilidad nosotros mismos, pero también dejando abierta la posibilidad de que aquel a quien habría que culpar se diera cuenta de su desconsideración sin bochorno público alguno.

También podemos hacer otra cosa: podemos observar cómo reaccionamos. Sentimos espontáneamente la necesidad de desmerecer al culpable y acreditarnos a nosotros mismos como víctima inocente. Pero ver el cuadro completo solo requiere un instante. Un pequeño grupo de desconocidos reunidos durante un breve instante, cada uno de ellos sumido en sus propios pensamientos, estaba anticipando un determinado orden y armonía ante el breve trayecto en el ascensor. Nuestra necesidad era transformar una mínima quiebra de la cortesía en un litigio sobre lo correcto y lo incorrecto, sobre la víctima y el perpetrador. Nos abstenemos y se restablece el orden. O quizá nos observamos y nos damos cuenta de que nuestra reacción inmediata era abstenernos por completo de juzgar y de sentir rencor y, sencillamente, dejar pasar la descortesía. Tomarnos ese instante para observar nuestra reacción podría traernos una sonrisa a los labios: acabamos de vernos envueltos por el abrazo de la civilidad. No consiste en asumir el mérito por algo que hemos o no hemos hecho. Algo de la naturaleza humana irrumpió y nosotros no nos interpusimos en su camino. Ese algo es lo que nos hace seres sociales e impide que nuestra identidad individual fracture más de lo necesario la armoniosa rutina de la vida cotidiana.

Lo malo de los juicios apresurados no es solo que a menudo son equivocados y se hacen con demasiado poca información relevante, sino que muchas veces la necesidad de juzgar parece evidente. Es como si en nuestro comportamiento se hubiera filtrado un código binario y hubiera tomado el control.

Me recuerda algo que leí hace veinticinco años en *El Zen y el arte del mantenimiento de la motocicleta: una indagación sobre los valores,* de Robert Pirsig. El autor, que se ganaba la vida escribiendo manuales técnicos de ordenadores, puso en cuestión la insensatez de la idea de que un ordenador solo tiene dos estados posibles, un voltaje para el uno y un voltaje para el cero, cuando obviamente hay un tercer estado: desenchufado.

Esto es lo que Hakuin entendía acerca de juzgar, a saber: que hay veces en que no se trata de ver la forma que tenemos que emitir un juicio claro, sino de eliminar por completo de la imagen todo juicio. Del mismo modo, Dōgen, el filósofo del siglo XIII, rechazaba la dicotomía entre pensar antes de actuar y no pensar antes de hacerlo. Se nos enseña a utilizar la cabeza, y no solo a confiar en nuestros hábitos e instintos, para dejarnos conducir a una vida buena. Nuestra educación en casa y en la escuela nos anima a no perder la cabeza, sino a afrontar las dificultades de la vida con la cabeza bien colocada. Pero Dōgen atravesó la línea que separa el pensamiento y el no pensamiento haciendo énfasis en el valor de actuar sin pensar. Estar alerta a esas veces en las que pensar y actuar se interponen en el camino no es algo estúpido, irracional o poco concluyente. La vigilancia ante las potencialidades y las limitaciones de la razón es uno de los cimientos de la civilidad. Es tan asequible como tomarse un instante en medio de todo para observar cómo reaccionamos y, después, frotarnos los ojos y echar otro vistazo a lo que está pasando a nuestro alrededor.

Hay muchos conflictos en la vida, desde las pequeñas inconveniencias hasta los grandes malestares, que nos reclaman tomar el control e imponer nuestra voluntad; aunque no nos hayamos tomado el tiempo de comprender qué está sucediendo realmente. El pensamiento genérico se impacienta por obtener resultados y corre el riesgo de pisotear a los inocentes; el pensamiento colectivo es vacilante y corre el riesgo de no lograr abordar la urgencia de una situación. Podríamos pensar que este es el sentido que tiene que irrumpa en escena la prudencia para aportar cierto equilibrio al modo en que nos conducimos a nosotros mismos entre un extremo del espectro y el otro. Creo que no. Para comprender lo que la civilidad exige de nosotros debemos, en primer lugar, fortalecer su espina dorsal y dejar al margen el prejuicio que significa mostrarse indeciso, cobarde, insulso y moralmente débil. Hakuin no estaba siendo prudente o equilibrado al aceptar la calumnia de los aldeanos y el cuidado del niño que con tan pocos reparos habían repudiado. Mantuvo una posición de fuerza que quienes no podían ver con tanta claridad como él confundieron con debilidad.

La civilidad no es la adquisición de un determinado fondo de conocimiento o de una cierta capacidad para el buen juicio. Es un arte que requiere práctica y perfeccionamiento. Cuando ve la fuerza de la naturaleza humana en acción, corre para averiguar dónde se sitúa una persona y para ver qué aspecto tiene el mundo desde ahí. Su objetivo no es el valor heroico, sino el descubrimiento de un lugar cotidiano desde el cual actuar con naturalidad y confiar en la sabiduría recibida acerca de lo que se supone que es ser amables los unos con los otros. La bondad de la civilidad no descansa en que se la reconozca como buena. En su mayor parte, su bondad no es siquiera visible para los implicados. En el mejor de los casos, su propia transparencia es un testimonio de lo natural que es.

Hace algunos años, una amiga española me contó una historia que había oído cuando era niña acerca de un campesino que encontró una enorme y hermosa joya en la cuneta de un camino. La recogió y estaba admirando su belleza cuando pasó por allí un comerciante sin escrúpulos que lo convenció de que él la había perdido allí y le reclamó que se la devolviera de inmediato. Sin vacilación, el campesino le entregó la joya y se despidió de él con buenos deseos. El comerciante montó en su caballo y se marchó riendo para sí por la candidez del campesino y pensando lo afortunado que había sido al toparse con un tesoro que lo salvaría de sus calamidades económicas para el resto de su vida. Al cabo de un rato de avanzar por el camino, se irguió sobre la silla de montar y se dio media vuelta bruscamente para desandar el camino. Cuando llegó hasta el campesino, desmontó y se arrojó a los pies del hombre.

—Amigo, he venido a pedirte algo más importante, más valioso y más útil para mí que la espléndida joya que acabas de entregarme.

—¿Y qué es? —preguntó el campesino.

—Quiero saber qué es lo que te ha llevado a entregármela.

Nuestra simpatía por la pregunta del comerciante va más allá del deseo de querer imitar la simpleza del campesino al recompensar el engaño y renunciar a un tesoro. Más bien, nos hace querer desandar nuestros pasos y formular nuevas preguntas por nuestro propio interés: ¿qué le llevó a soportar la calumnia y ayudar al niño inocente? ¿Qué le llevó a disculparse conmigo cuando era yo quien se había descuidado y le había pisado? ¿Qué le llevó a hacer una reverencia a la anciana que le reprendió delante de todo el mundo? ¿Qué le hizo rechazar mi gratitud hasta que yo pudiera repetir esa misma amabilidad con otras personas?

Para quienes valoran mantenerse firmes y que no se aprovechen de ellos, este tipo de preguntas carece de valor. Para quienes conocen el poder de la civilidad y sus profundas raíces en lo mejor que tenemos como seres humanos, el valor de la respuesta supera el de la piedra preciosa más grande y más valiosa. La devaluación de la civilidad es sutil, pero tan corriente que a menudo la confundimos con la pureza de la mente y la voluntad. Nos sentimos ofendidos o vemos que se comete una ofensa y nuestra «reacción natural» es condenar la injusticia y ponerle fin; suponemos que eso es lo que cualquier buena persona haría en circunstancias similares. Imaginamos que atribuyendo la incivilidad a los demás, de algún modo nos hemos vuelto más cívicos nosotros. Una vez más, la afilada e intransigente incisión de lo correcto y lo incorrecto nos impide ver lo que vio Hakuin y lo que los demás no vieron: que para tener razón no hace falta que tengamos razón. Lo invito a detenerse conmigo para reflexionar sobre las consecuencias de esta sencilla idea.

Llegado este momento quizá se haya cansado de mis ataques tangenciales contra el pensamiento genérico y de la forma en que he estado recurriendo a ellos para hacer avanzar mi descripción de la civilidad. La falacia de agitar juicios categóricos sacados de leyendas y anécdotas debe de parecer demasiado evidente como para que la ignoremos, particularmente cuando el objetivo es recomendar una especie de pensamiento colectivo no genérico fundado en las interacciones concretas de la vida cotidiana. Tampoco escapará a nadie la ironía de que para explicarme no me quede otra opción que elevarme aún más alto por las nubes de la abstracción para tratar de llegar a una paradoja enrollada en los recovecos más escondidos de la mente: la única forma de librarse de las garras que las ideas fijas imponen sobre el fluir y la novedad del mundo tal como lo experimentamos es plantar los pies firmemente en la idea de que hay que librarse de esas garras. Sin este tipo de idea genérica acerca de los límites de las ideas genéricas, sin una especie de principio sobre los límites de los principios, sin un juicio categórico acerca de los límites de los juicios categóricos, la mente llega a considerarse a sí misma un espejo que refleja para nosotros las cosas de la vida exactamente tal como son. Como consecuencia, los juicios previos necesarios para filtrar nuestro consumo de experiencias y regular nuestra forma de hablar de ellas a los demás hacen su labor en un segundo plano, lejos del amenazador brillo de la introspección.

La auténtica civilidad solo puede habitar en una mente que sea lo bastante flexible para reconocer la naturaleza del pensamiento genérico. Los fragmentos de sabiduría popular que nos aconsejan detenernos a oler el aroma de las flores, o no ser un sabelotodo, o convertirnos en una especie de niño pequeño, esquivan el filo de algo tan fundamental —y sí, tan genérico— que no se puede comprender sin tomarnos el tiempo para observar nuestra mente en funcionamiento cuando emite sus juicios vanidosos, melindrosos, distorsionados y confusos acerca de las situaciones de la vida. Estoy convencido de que observar eso es lo único que alimenta la particular mezcla de lo racional y lo irracional que hace que nuestros «pensamientos» sean razonables.

La mezcolanza de historias y recuerdos que he estado encadenando aquí está vinculada en un extremo a esta búsqueda del desapego a las ideas fijas y, en el otro, a la búsqueda de las condiciones en las que la civilidad puede prosperar de forma natural y sin la interferencia de los códigos éticos o las normas de etiqueta y el adecuado decoro. No tengo ningún deseo de que se interpreten por su «moraleja», ni con el fin de extraer de cada una de ellas alguna «enseñanza» para la vida. Justamente lo contrario. Traducir estas anécdotas en máximas de comportamiento universales corre el riesgo de echar a perder una reacción más auténticamente individual ante ellas y de precipitar juicios categóricos. No tengo ninguna duda de que este tipo de máximas son importantes, como lo son los códigos morales y cierta educación para la cortesía. Pero la civilidad es otra cosa. Funciona más bien como una respuesta instintiva a circunstancias muy específicas, como un instinto perfeccionado mediante cierta disposición para la amabilidad desinteresada, pero no controlado por un sentido predominante de la obligación o un juicio categórico acerca de lo que es propio o impropio, correcto o incorrecto.

Le ruego que no se apresure y replique con situaciones en las que sería poco práctico o manifiestamente estúpido hacer lo que cualquiera de estos ejemplos nos sugiere que hagamos. Es más importante que nos concedamos un momento para perdernos en la historia y en la civilidad natural y no afectada que la conforma. Si hay una intuición que acoger, es más simbólica que axiomática. Con ello quiero decir que es una especie de media verdad que exige ser completada mediante el recuerdo de algún momento de nuestra vida —cuanto más reciente, mejor— en el que *podríamos* haber actuado con el mismo espíritu, haber pronunciado las mismas palabras o haber tenido los mismos pensamientos, e imaginar la diferencia que habría supuesto si lo hubiéramos hecho. Este proceso de «reunir» (representar) un relato que nos hayan contado de la vida de otro y el relato que contamos de nuestra propia vida es el mejor modo de que disponemos —en última instancia, quizá el único modo— de moderar nuestros instintos con hábitos de civilidad en los que podamos confiar.

La labor de moderar el instinto considerando algo retrospectivamente no es nuestra forma habitual de contemplar las historias ejemplares. El proceder más fácil es estereotiparlas como episodios de inspiración y almacenarlas de inmediato lejos de cualquier posible consejo u orientación futuros que sabemos de todo corazón que nunca buscaremos. Eso es exactamente lo que me sucedió a mí con la leyenda de san Francisco referida en un capítulo anterior. Era una historia que conocía desde la juventud, pero que en realidad nunca había comprendido hasta hace unos meses.

Durante el último par de años, hemos estado acogiendo en nuestro jardín un pequeño grupo de gatos callejeros. Hicimos turnos para alimentarlos hasta que los machos se fueron animando y a menudo corrían a recibirnos en la puerta de atrás cuando íbamos y veníamos. Una noche, cuando estábamos sentados en el salón después de cenar, alguien llamó la atención sobre un sonido de arañazos junto a la amplia cristalera que daba al patio. Corrimos las cortinas y vimos a dos de los gatos arrastrando las zarpas por la mosquitera. Alarmados por los daños que hubieran causado con las uñas, los ahuyentamos y regresamos a nuestras respectivas sillas preguntándonos qué había que hacer. Propuse que nos pusiéramos en contacto con las autoridades municipales y pidiéramos ayuda para deshacernos de todos ellos. El gasto de tener que sustituir las mosquiteras hacía parecer que esa era la solución lógica.

A la mañana siguiente me puse en contacto con la oficina de control animal, donde me indicaron cómo proceder. Cuando planteé la cuestión en la cena aquella misma noche, alguien que obviamente sabía de gatos más que yo puso una objeción. Ni siquiera se me había ocurrido que los gatos debieran formar parte de la decisión hasta que esta persona se puso del lado de los gatos. Explicó que los gatos necesitaban limarse las uñas por toda una serie de razones y que si nos limitábamos a ponerles un rascador o alguna otra superficie similar para que frotaran las garras, dejarían las mosquiteras en paz. Eso es lo que hicimos y, desde entonces, los gatos han dejado en paz las mosquiteras. Con eso dejé de sufrir por aquel asunto. Entonces, unos cuantos días más tarde se invocó el nombre de Francisco de Asís en una discusión y enseguida me vino de nuevo a la cabeza la leyenda del lobo de Gubbio. Lo que no había sido más que una leyenda edificante se transformó de inmediato en una imagen arquetípica de la civilidad hacia los animales. Mi incapacidad para consultar una verdad que conocía desde la juventud, pero que en realidad no había sido más que un estereotipo inspirador, era demasiado evidente como para ignorarla. Si está pensando que debe de haber mucho más de esto discurriendo entre líneas en las anécdotas que he seleccionado para estas páginas, seguramente tiene razón. Pero ninguna de ellas es tan vital para el elogio de la civilidad como lo que usted mismo hace para rellenar estas medias verdades con la historia que cuente de su propia vida.

Pido disculpas si he transmitido la impresión de que el mejor modo de practicar la civilidad es con docilidad, resignación, sumisión, complacencia y esa dosis de artificialidad que se esfuerza por no causar problemas. Mi intención era sugerir que en la civilidad hay algo que la convierte en más que la mera ausencia de incivilidad. La incivilidad siempre es algo que alguien *hace*, ya sea dejando que se imponga el hábito, o mediante una elección deliberada de actuar o negarse a actuar. La civilidad no se puede calibrar mediante las incivilidades que no cometemos, mediante los juicios que no emitimos, ni mediante las reacciones maleducadas a las que renunciamos. La civilidad, en su núcleo, no tiene que ver en absoluto con *nosotros*. Tiene que ver con interpretar un entorno del que somos partícipes y con los impulsos armoniosos de ese entorno, que alivian mejor la falta de armonía si nos quitamos del centro de la escena. Por supuesto, no todas las situaciones permiten esta retirada de la confrontación directa o esa rendición provisional del pensamiento genérico basado en nuestras creencias personales. Estoy hablando de las situaciones que sí lo permiten.

Vernos atrapados por un giro inesperado de un entorno armonioso que se convierte en un entorno de confrontación, en el que los ánimos se encienden exteriormente como sucede con las ondas que forma una piedra arrojada en las sosegadas aguas de un estanque, altera nuestro equilibrio. Nuestra reacción natural es afianzarnos en nuestra posición y prepararnos para defenderla. Ante nosotros se abre todo un abanico de respuestas posibles. Desde un extremo, podemos escuchar la llamada de lo salvaje y rendirnos a nuestros reflejos defensivos. Desde el otro, podemos buscar el camino más rápido para retirarnos. A pesar de las tensiones, ambas respuestas —así como cualesquiera otras intermedias— nos llevan viento en popa siempre que el pensamiento genérico sostenga el timón con mano firme.

La vía de la civilidad consiste en dar un paso atrás en el instinto de autoconservación y adoptar una mirada más global y más colectiva sobre un entorno que, por el momento, ha caído en el desorden. Este simple acto de distanciamiento del punto de contención facilita localizar cuál es la piedra angular en medio de los escombros. En el caso del conflicto de Hakuin con los aldeanos era el bienestar del niño; con las mosquiteras deterioradas era la necesidad de los gatos de limarse la uñas arañando algo. Tuve la suerte de que alguien me alertara de la estupidez que representaba ceder a mi reflejo inicial de preservar mis bienes; Hakuin era más sabio.

No perder de vista la piedra angular es nuestra forma de monitorizar las reglas generales bajo las que vivimos para que no se fosilicen y echen a perder nuestra capacidad de tomar las decisiones morales que dependen de ellas, para saber cuándo imponerlas y cuándo abrir la mano. Para decirlo de forma más abstracta, ningún imperativo categórico es digno de la sociedad humana a menos que venga acompañado de una interpretación categórica del buen sentido, de la decencia ordinaria y de la civilidad a la hora de aplicarlo. Reconocer cuándo es el momento de ser un artista y cuándo es el momento de ser un moralista es esencial para la práctica de la civilidad. Así también lo es reconocer que hasta el más categórico de los juicios morales no se debe formular de forma aislada. El pensamiento colectivo no supone rechazar la necesidad de poner en cuestión los hábitos de los demás, sino solo rechazar imponer nuestra conciencia a los demás de manera ofensiva.

Atribuir diferentes grados de incivilidad a los demás e imaginar que esto nos hace actuar con civilidad es una forma tan generalizada de autoengaño que resulta casi culturalmente aceptable. Se inscribe en la tendencia más general de hacer de la reciprocidad y la negociación el modelo predominante de la interacción humana y de hacer que el modelo dominante de responsabilidad cívica parezca correcto. No siempre debemos tener razón para tener razón, exactamente igual que no siempre tenemos que ser sinceros para decir la verdad. Actuar con civilidad podría parecer dar a entender que somos deshonestos con las personas cercanas, que esperan que seamos más sinceros con ellos que con unos absolutos desconocidos. Ser educado en lugar de sincero tiene algo de frío e insensible.

Obviamente, no todas las situaciones importan lo mismo. Cuando un amigo pregunta «¿te gusta?» refiriéndose a un jersey particularmente horrendo que acaba de comprarse, solo un loco creería que dar una respuesta sincera es más importante que los sentimientos de su amigo. Eso es sentido común. Pero ahora supongamos que un desconocido es grosero conmigo, pero que en lugar de acusarlo, simplemente reconozco el insulto sin sarcasmo y me callo la boca. Ahí se acaba todo. Yo no tenía razón porque fuera culpa mía; yo tenía razón porque el error se reconoció y se corrigió sin que nadie tuviera que asumir ninguna culpa. Distender da a la otra parte una oportunidad de reconocer su culpa. No es tan importante si lo hace o no; pero si nosotros lo juzgamos de inmediato, reducimos esa probabilidad e invitamos a mantener una disputa. Podríamos pensar para nuestros adentros y decirnos, «si dejo que todo el mundo me avasalle, nunca conseguiré lo que tengo que conseguir». Esa es la falacia de convertir lo que no era más que un pequeño inconveniente en un debate sobre principios universales acerca de cuál es el comportamiento adecuado. El problema no es tener principios o hacer generalizaciones; ambas opciones tienen una carga emocional. El problema es pisotear *otros* sentimientos presentes en el entorno para situarse ahí.

En cierto sentido, la civilidad es la búsqueda de lo invisible, de lo inaudible. Con el fin de preservar nuestros intereses particulares, podemos intentar olvidarnos de ella durante nuestro asalto a las cosas que no se ajustan a nuestras expectativas. Pero está ahí, en los recovecos más profundos de nuestro deseo de descubrir qué es lo mejor de nuestra humanidad, que está a la espera de ser descubierto.

Hay cosas en las sombras y entre líneas que solo afloran a la superficie cuando cerramos los ojos, cuando nos los frotamos muy bien para eliminar nuestras expectativas y, después, los abrimos de nuevo para recomponer nuestro entorno. La civilidad empieza por ver las cosas que con demasiada frecuencia no tienen en cuenta la buena educación ordinaria, los buenos modales y nuestro prejuicio acerca de sus límites. No hacer juicios precipitados antes de echar un buen vistazo a la situación en cuestión es ya bastante difícil. Pero resulta aún más difícil no hacer juicios precipitados acerca de aquellos que hacen juicios precipitados sobre nosotros, sin detenernos a escuchar lo que no se está diciendo y tratando de ver en mitad de todo el barullo lo que no es evidente de inmediato. Pero en eso es precisamente en lo que consiste en la práctica el elogio de la civilidad.

Cuatro

Llegados a este punto, usted debe de pensar que estamos dando vueltas en círculo. Lo confieso, soy incapaz de encontrar una línea recta que lleve desde una simple intuición a un elogio a pleno pulmón de la civilidad. Parte de ello se debe a mi terca dependencia de las historias y anécdotas, si bien probablemente no sea muy distinta de aquella otra dependencia según la cual la mayoría de nosotros tiende a recurrir a historias y anécdotas para orientarnos a la hora de abordar comportamientos desconsiderados e insultantes u otro tipo de interrupciones imprevistas en el fluir de nuestras vidas. En general, ofrecer ejemplos alternativos parece ser la lógica más potente para elaborar una defensa tan sencilla y tan directa como la que estoy tratando de presentar aquí.

Es más, no estoy convencido de que haya algún modo de «enseñar» civilidad en abstracto. Mis padres —al igual que los suyos, supongo— trataron de enseñarme unos principios con los que vivir. Sin embargo, lo que aprendí de niño lo aprendí más bien de los oportunos pero crípticos comentarios de mi padre en situaciones de estrés y de la inexpresable hospitalidad de mi madre hacia las visitas que irrumpían en nuestra vida y alteraban nuestros planes sin previo aviso. A medida que me voy haciendo mayor, me sorprende la poca orientación que he recibido para tratar de no repetir sus errores como padres y la mucha que he recibido de cosas que dijeron o hicieron en determinadas ocasiones. Hasta el día de hoy, poner esos recuerdos en palabras me parece más atractivo que cualquiera de los preceptos racionales que llevo conmigo.

Hemos venido insistiendo hasta ahora en que la auténtica civilidad es radicalmente desinteresada, razón por la cual nos hemos centrado en las consecuencias que tiene sobre los demás. Pero de todos y cada uno de los ejemplos anteriores, así como de los que vendrán, quienes actúan con civilidad también pueden obtener intuiciones importantes. Mis pensamientos se dirigen a continuación hacia algo que sucedió hace trece años, durante una estancia en Europa.

Shizuteru Ueda, un destacado filósofo japonés, había sido invitado al centro asiático situado en la segunda planta de una vieja iglesia de la ciudad de Bolonia. Lo acompañé a él y a su esposa, como ya había hecho antes varias veces, para ejercer de traductor. Un público diverso de unas sesenta personas sentadas en unos tatami escuchó atentamente mientras él trataba de explicar el significado de «la nada» y relacionarlo con la transición desde una comprensión despierta hasta la práctica de la compasión.

El viejo y venerable profesor no llevaba más de veinte minutos de charla cuando se desató una pequeña conmoción que sacudió el fondo de la sala. Un hombre se había levantado y se abría paso entre el público para dirigirse a la puerta y salir. Mientras la gente se iba apartando con rapidez, muchas personas del público se encogían de hombros y hacían muecas. La mirada de perplejidad de aquellos rostros era inconfundible. ¿Por qué se marchaba en mitad de la charla? ¿Le resultaba ininteligible, discutible, o simplemente se aburría? ¿Y por qué ofender al orador marchándose así? El profesor Ueda se limitó a sonreír y prosiguió. Al cabo de unos minutos, los ánimos se tranquilizaron y el episodio quedó olvidado.

El acto concluyó con un animado debate, tras el cual servimos café y unos dulces. El grupo se disolvió dentro del plazo previsto y yo acompañé al matrimonio Ueda por la escalera hasta la calle, donde un taxi esperaba para llevarnos de regreso a nuestro hotel. La puerta del taxi ya estaba abierta cuando apareció corriendo ante nosotros el hombre que se había marchado misteriosamente durante la charla. Esperamos para saludarle. Tardó un minuto en recuperar el aliento antes de empezar a hablar.

—Cuando lo escuchaba, supe de inmediato que era usted. Durante meses he estado guardando estos dos envases de aceite, la última prensa de un viejo olivo moribundo que lleva con nuestra familia desde hace generaciones. He estado esperando a alguien especial para dárselas.

Ofreció el aceite con lágrimas en los ojos.

—Por favor —le dijo—, de todo corazón. Le pertenecen a usted.

Los Ueda inclinaron la cabeza en silencio ante el hombre, cuyo nombre nunca supimos, hasta que se dio la vuelta y se marchó. Entramos en el taxi y regresamos al hotel sin decir una palabra. Pude percibir lo profundamente conmovidos que estaban el profesor y su esposa, pero nunca volvimos a hablar de aquello. Tal vez sintieran, como yo, que cualquier cosa que pudiéramos decir sería superflua; o, como dice el dicho japonés, que sería como poner un tejado sobre otro.

He referido este episodio en innumerables ocasiones cuando me preguntan por mis recuerdos más afectuosos del profesor y de su esposa, ambos ya fallecidos. Solo posteriormente llegué a pensar que quizá hubiera algo más en el silencio del matrimonio Ueda. He pensado mucho tiempo que aquel regalo fue algo así como un homenaje apropiado para un ser humano extraordinario, pero cuando vuelvo a pensarlo ahora, estoy seguro de que lo recibieron como un homenaje a la humanidad que resplandecía con transparencia ante sus propios ojos a través de aquel simple acto de donación.

No puedo evitar preguntarme cómo todos aquellos ceños fruncidos que miraban con desaprobación al hombre mientras tropezaba con ellos y salía de la sala de conferencias habrían dado paso a una sonrisa penitente por su mala interpretación. La pregunta más importante es qué estaba pasando dentro de aquel hombre. No tengo ningún modo de saberlo, pero por la forma en que se distanció de inmediato del escenario de los hechos imagino que la emoción del momento debió de haberle reportado esa sensación de felicidad que se deriva de haberse desprendido de algo. Al igual que yo, estoy seguro de que usted ha conocido el inefable encanto de haberse separado de algo de gran significación personal para usted para dárselo a alguien a quien considera la persona adecuada. Para el receptor tal vez sea solo una nimiedad, pero para nosotros no es nada menos que una parte de nosotros y después de haberlo hecho nos sentimos más plenamente nosotros mismos.

Si pensamos en la civilidad únicamente en términos de resolución de conflictos, el profesor Ueda y los envases de aceite de oliva pueden parecer fuera de lugar. Pero el gesto de dar algo sin esperar nada a cambio es la verdadera savia de la civilidad y refuerza nuestra capacidad para actuar con mayor civilidad ante la incivilidad de los demás cuando surge la necesidad. Los requerimientos normales de una transacción están fuera de lugar. La propia idea de intercambio o retribución haría pedazos el encanto de verse implicado en la feliz coincidencia de la ofrenda y la recepción. La civilidad siempre es una coincidencia. No es una relación en la que se ingrese voluntariamente y de la que, después, se salga. Es algo que nos pasa, como enamorarse.

También podríamos ser más directos y más claros. La civilidad es una forma de amor. Amar a otro o ser correspondido son los efectos de estar enamorado, no la causa. Así también la civilidad no es solo una destreza que desarrollamos para resolver problemas, sino un medio que compromete lo mejor que hay en nosotros, tanto si hay un problema que resolver como si no. Tomado todo en su conjunto, lo que sucede en ese caldo de cultivo no es solo que yo *actúe con civilidad,* sino también que yo *soy en la civilidad.*

Una vez más, si entendemos la civilidad como un acontecimiento que nos envuelve y nos entrelaza con los «implicados», entonces nosotros mismos nos vemos tan afectados por actuar con civilidad como aquellos con los que interactuamos. Del mismo modo, nuestra incivilidad con los demás contamina el entorno en su conjunto y a nosotros con él. La civilidad ocurre y probablemente ocurriría mucho más sencillamente si nos apartáramos del camino hasta que estuviera claro que somos necesarios. Ser simplemente capaces de reconocer cuándo nos hemos convertido en un obstáculo para la civilidad, en lugar de en su portador, ya es haber ganado la mitad de la batalla. Cuando en realidad no hay nada que podamos hacer más que quejarnos de lo inútiles que somos, el silencio puede ser la mejor respuesta. Lo cierto es que negarse a pensar que nosotros somos la víctima de lo que es una ofensa obvia contra la civilidad puede aclararnos la mente y ayudarnos a evitar que las cosas vayan más lejos de lo que ya hayan ido.

En relación con esto me gustaría referir una leyenda acerca del califa del siglo XIX Al-Ma'mūn de Bagdad y de su hermoso caballo árabe. Un beduino estaba totalmente obstinado en comprárselo, pero el califa no iba a ceder y vendérselo. Sabiendo que Al-Ma'mūn era un hombre bueno, el beduino pergeñó un modo de engañarlo. Se disfrazó de mendigo enfermo y se tendió al lado de un camino por el que sabía que iba a pasar el califa. Como era de esperar, Al-Ma'mūn apareció, desmontó y le ofreció llevarlo a una posada cercana donde pudieran atenderlo. Tan pronto como subió a su caballo al enfermo desconocido, este se irguió y se marchó al galope. Al-Ma'mūn lo persiguió a pie, gritándole para que se detuviera. Cuando hubo alcanzado una distancia suficientemente amplia, el beduino hizo dar la vuelta al caballo.

—Me has robado el caballo —le gritó Al-Ma'mūn—, pero tengo que pedirte un favor. No le digas a nadie lo que has hecho.

—¿Y por qué no iba a hacerlo? —preguntó el ladrón, con una sonrisa.

—Porque algún día puede haber un hombre tendido junto al camino que esté realmente enfermo y podría reclamar la ayuda de alguien que pasara. Si se corre la voz de cómo me engañaste para que bajara del caballo, nadie se atreverá a detenerse.

Antes de que a usted, lector, se le escape una sonrisilla por lo irreal y lo ingenuo que sería tratar de imitar al amable califa en un entorno urbano moderno, deténgase un momento a pensar lo magnífico que sería encontrar el lugar desde el que hablaba el califa y ver lo que él veía. En vez de dejarse llevar por su primer impulso de reclamar lo que por derecho era suyo y llevar ante la justicia a quien lo había engañado, su primer pensamiento fue preservar la confianza del profundo impulso humano de las personas para prestar ayuda a quienes la necesitan. Esa capacidad de apreciar qué es lo más importante más allá de la superficie es un arte que no se puede sustituir ni con el mejor entrenamiento en buenos modales o en educación en principios éticos. Antes de que podamos siquiera esperar ponerla en práctica en situaciones de conflicto, primero hay que aprender a desprenderse de las posesiones más queridas con el fin de honrar las cosas que realmente importan.

Cuando nos tratan sin civilidad, nuestra prioridad debería ser proteger a los demás para que no se infecten. Si nuestro primer pensamiento es defendernos, lo más probable es que nos veamos atrapados en una situación en la que una parte solo puede ganar a costa de que la otra parte pierda. Actuar con civilidad es identificar que el verdadero problema es la ausencia de armonía y darnos cuenta de que atribuir la culpa a alguien o proclamar su inocencia solo sirve para afianzar en sus respectivas posiciones a los bandos enfrentados y demorar el restablecimiento de la armonía.

Repitámoslo: no toda muestra de incivilidad ha de ser pasada por alto y olvidada en aras de cultivar un temperamento más sereno. Hay cosas en la vida que deberían enfurecernos y contra las que deberíamos rebelarnos. Y sí, tenemos que hacerlo en nombre de lo mejor que hay en nuestra humanidad. Lo que me interesa subrayar es que tengo la burda impresión de que con mucha frecuencia y de forma absolutamente innecesaria trasladamos conclusiones extraídas de esos casos extremos a lo que en realidad son pequeños fragmentos banales y absolutamente fáciles de asimilar de comportamientos indecentes de los demás. Si no lleváramos dentro al menos la esperanza de poder plantarnos ante la tiranía con valentía, nos empobreceríamos como seres humanos. Pero también nos empobrece confundir con actos genéricos de tiranía lo que no son más que actos ordinarios de desconsideración torpe, maleducada, exaltada y vulgar.

La capacidad de ver más allá de la superficie de las cosas sin perder de vista esa superficie no es algo que suceda fácilmente. Todos sabemos cómo mirar las flores bordadas en un visillo y, después, mirar a través del visillo las flores que crecen en el jardín. Cuando se trata de ver a través de una perturbación que se nos arroja inesperadamente ante nuestros ojos, las recetas a las que nos confiamos para responder nos impiden ver más allá de las apariencias o escuchar lo que no se está diciendo. Esperamos que las cosas se desplieguen igual que se han desplegado en otras ocasiones anteriores y saber exactamente qué hacer al respecto. Miramos y no vemos; oímos y no escuchamos. Todo se desmorona y se concentra en la cobarde exigencia de emitir un juicio rápido; no hay tiempo siquiera para reconocernos en aquellos a quienes juzgamos. Volvamos la espalda y marchémonos, si queremos. O demos un paso adelante e impliquémonos. Si no somos capaces de ver a través de la niebla y escuchar en medio del ruido lo que tenemos en común con ambas partes del conflicto, nada de lo que hagamos o dejemos de hacer estará a la altura de la valentía de actuar con civilidad.

Entre las muchas leyendas reconstruidas a partir de retazos históricos para contar la historia de cómo el príncipe Siddhartha se convirtió en buda (con una conciencia despierta), hay una que tiene que ver específicamente con la idea de ver a través de la niebla. Después de un agotador pero infructuoso periodo de ascetismo riguroso, Siddhartha se sentó bajo una higuera decidido a no levantarse hasta que lo sacaran de la ignorancia. Durante ese tiempo, fue tentado tres veces por Māra, el demonio de los sentidos, y todas las veces se concentró esforzadamente hasta que pudo ver más allá del velo de las apariencias. Lo que parecía una horda de monstruos que lo atacaba con fieras espadas resultaron ser pétalos de flor transportados por el viento. Después, Māra envió a sus adorables hijas para seducirlo, pero Siddhartha esperó pacientemente a que se mostraran como las horripilantes brujas que eran. En la tercera ocasión, Māra lo tentó con dudas sobre su capacidad para alcanzar la sabiduría que buscaba o para enseñarla a los demás, pero el joven príncipe se volvió hacia la tierra para mantenerse firme y resistir a sus miedos.

Cuando Siddhartha despertó finalmente del sueño del mundo de las apariencias y vio el mundo tal como es, su primer acto fue volverse hacia Māra para mirarlo una vez más. Reconoció de inmediato que el rostro de quien lo tentaba no era nada más que el suyo propio. Este acto de ver una cosa y, después, ver más allá de ella para descubrir algo de uno mismo, sin perder de vista en ningún momento la apariencia inicial de las cosas, envuelve a la totalidad de la compleja historia de la filosofía fundada en la experiencia de la iluminación. También es la quintaesencia del arte de la civilidad.

Tratar de ver con mayor profundidad y resistirse a las interferencias del instinto, no juzgar todos y cada uno de los ataques contra la civilidad como una variante de una situación de guerra en la que hay que matar o resultar muerto, significa pasar a formar parte de la *totalidad* del conflicto, y no solo de la parte que como espectador externo nos parece la correcta. No apresurarse demasiado a diferenciar al infractor del ofendido no es ser un idiota o ser moralmente paralítico. Es tomar la decisión de no juzgar con el fin de ver mejor. Los verdaderos idiotas son aquellos que hacen una genuflexión ante sus principios y se niegan a ver más allá de ellos. Al mismo tiempo, dar un paso adelante para contemplar el conflicto es aceptar una responsabilidad —despertar a nuestra capacidad de responder—, que no es lo mismo que emprender una acción sin más o decidir dónde depositar la culpa.

Realmente, sí que necesitamos rescatar la palabra «responsabilidad» del cautiverio que sufre bajo la idea de expiación, compensación, recompensa o reparación impuesta al culpable en nombre del inocente. Desde la infancia se nos dice que asumir la responsabilidad por lo que hacemos es una señal de madurez; negarse a asumirla, una señal de cobardía y egoísmo. Hay dos problemas con esta forma de pensar. Uno de ellos es obvio y fácil amoldarse a él; el otro es inquietante en extremo.

En primer lugar, olvida las cosas que *hacemos* como familia, comunidad, nación o planeta. A pesar de que esta es una parte absolutamente obvia de la vida responsable, las tentaciones de desvincular nuestra responsabilidad personal de los actos de un grupo salen muy a menudo triunfantes.

En segundo lugar, vincular la responsabilidad únicamente a nuestros actos significa no asumir ninguna obligación de reparar los daños en los que no hemos tenido parte. Esto se vuelve particularmente exigente cuando tiene que ver con algo que solo nosotros podemos hacer: asumir la responsabilidad por lo que alguien nos ha hecho, eliminar de la escena toda culpa y responder a las consecuencias sin resentimiento ni hostilidad.

Con frecuencia, la realidad es muy diferente. Es una vieja historia y todos la hemos escuchado una y otra vez. Una joven sueña con ser bailarina, o médica, pero sus padres no la apoyan. Se marcha de casa en cuanto es lo bastante mayor para vivir por su cuenta, momento en que se esfuerza por ganarse la vida y fundar su propia familia. Pero, en el fondo de su corazón, guarda el recuerdo anterior como una herida abierta que se reabre aún más cada vez que habla de lo que le sucedió. «Si no hubiera sido por ellos, yo habría...». La culpa por lo que se le hizo la vuelve incapaz de responder al daño y modificar su historia. Considera que lo que le hicieron es un pecado demasiado grave como para perdonarlo; pero, en realidad, es una herida que no sanará porque está centrada en la incapacidad de sus padres para aceptar la culpa por la vida de ella.

La respuesta del buen califa Al-Ma'mūn, que fue engañado por el ladrón de caballos, es un paradigma de la plena aceptación de la responsabilidad por lo que nos han hecho otros, en lugar de andar dando vueltas en busca de alguien a quien hacer responsable de nuestra forma de ser. Entregarse al simple instinto de responder a un daño sin haber decidido primero quién lo infligió y cómo se lo hará responsable de ello revela nuestra disposición primigenia para la civilidad.

Como los ejemplos e ilustraciones de este alegato en defensa de la civilidad siguen amontonándose y se solapan, tal vez usted esté ya empezando a encontrar un perfil más ajustado de qué es exactamente aquello de lo que estamos hablando. Si no hemos llegado a obtener una definición muy pulcra y precisa, sí, al menos, contamos con el consuelo de tener sus principales atributos organizados en alguna clase de orden lógico. Pero he venido a elogiar la civilidad, no a enterrarla. Persisto en mi decisión de evitar las cuestiones académicas de la ética y la moral, de modo que dejaré que mis pensamientos fluyan libremente por la senda marcada por las anécdotas que mantienen hilvanadas estas páginas.

La mayoría de nosotros tenemos en alta estima la capacidad de formular juicios sin prejuicios y solo desearíamos ser mejores haciéndolo. Tendemos a pensar que los prejuicios son una señal de pensamiento descuidado y olvidamos la posibilidad de cultivarlos entendiendo que son algo sin lo que no podemos pasar. Por ejemplo, tal vez tengamos unos cuantos amigos de otra región u otro país que nunca hemos visitado y estemos tan locos por ellos que automáticamente vamos a todas partes con una idea virginal de la totalidad de su país. Pero, después, conocemos a alguien de ese mismo lugar que es desagradable o insolente. Nuestra idea virginal se desinfla de inmediato. Esto nos sucede continuamente, pero raras veces nos detenemos a prestarle atención. Simplemente, sustituimos un conjunto de juicios por otro y no cuestionamos por qué nos gustan tanto las comparaciones genéricas, que siguen siendo tan sólidas como antes.

Pensemos en nuestra palabras, esas pequeñas unidades de prejuicio de las que dependemos. Sabemos cómo llamar a la mayoría de las cosas que nos rodean porque alguien decidió su «nombre» y lo recogió en libros para zanjar disputas acerca de cómo se transmite el lenguaje. Esto puede parecer muy objetivo, pero es cualquier cosa menos objetivo. El límite en el que establecemos los contornos que separan un elemento de otro en el mundo, en mucha mayor medida de lo que podríamos llegar a apreciar, es más bien una cuestión de convención. Parece que los cinco sentidos nos elevan por encima de nuestra cultura local y de su forma de percibir el mundo y hablar de él, pero buena parte del tiempo son nuestra cultura y nuestro lenguaje los que nos elevan por encima de los sentidos corporales. Hasta la percepción y la imaginación del mundo que nos rodea dependen del prejuicio. O, por expresarlo de forma aún más radical: incluso el esfuerzo que hacemos por ver el mundo sin prejuzgarlo y por hablar de él en términos culturalmente neutros —el objetivo de lo que denominamos «ciencias naturales»— está teñido por nuestra noción de objetividad y por el modo en que depositamos esos prejuicios sobre la cabeza de quienes ven el mundo con unos ojos distintos.

No pretendo retorcer nuestro sentido común cotidiano, llenarlo de nudos y hacernos sentir más indefensos de lo que ya lo estamos a la hora de abordar nuestros prejuicios. Lo único que quiero decir es que ni siquiera podríamos procesar la información ordinaria que recogen nuestros ojos y oídos sin un lecho firme de expectativas nacidas del recuerdo de la información que hemos procesado anteriormente. Si no tuviéramos ya alguna expectativa acerca de cómo ordenar nuestra percepción de las cosas no podríamos hablar de colores, ni de mesas y sillas, ni de árboles y animales. Y eso, repito, es prejuicio ordinario, cotidiano, esencial.

(Hay que reconocer que la mayoría de nosotros tenemos cierto «prejuicio» contra la idea de que el prejuicio es algo útil o necesario. Por sí sola, la mera mención de la palabra parece arañarnos la conciencia y despertar nuestra desaprobación. Por mucho que me disguste el prejuicio indiscriminado contra el prejuicio, no soy tan bobo como para suponer que esa palabra se pueda rehabilitar exclusivamente aplicando la lógica. Si resulta ofensiva, propongo sustituirla por el término más neutral de «juicio previo», una ventaja que ofrecen algunos idiomas y con la que no cuentan la mayoría de las lenguas europeas).

El prejuicio que la mayoría de nosotros asocia con esa palabra es un efecto colateral de la necesidad extremadamente natural de disponer de una mente operativa. Es la evaluación que adherimos a las cosas para tenerlas bien diferenciadas. Del mismo modo que la forma, el color y la luz nos ayudan a mantener el nombre de una silla como algo distinto del nombre que empleamos para una mesa, aunque ambas estén agrupadas en el concepto de mueble, hacemos igualmente una distinción entre las cosas que nos gustan y valoramos y las cosas que nos disgustan y menospreciamos. Los nombres de las cosas son bastante estables en una comunidad que habla la misma lengua y se ciñe educadamente a los diccionarios. Son un pilar de la armonía social.

Pero nuestra forma particular de clasificar las cosas que nos gustan y valoramos es fluida, variable, personal. Estos prejuicios necesitan cultivarse; pero no endureciéndolos, sino manteniéndolos flexibles, abiertos al cambio y a la sorpresa. Cuando los prejuicios sobre gustos y valores se vuelven rígidos, se convierten fácilmente en armas y dejan de tener utilidad para la búsqueda de la armonía social. Por supuesto, no podemos vivir sin almidonar nuestros juicios para convertirlos en hábitos de pensamiento. En el mejor de los casos, hacerlo nos convertiría en personas indefensas y, en el peor, en personas irresolutas y mediocres. Cultivar los prejuicios sobre las cosas que importan requiere que nos pensemos dos veces los juicios que nos hacen sentir incómodos cuando los aprobamos.

Dar por hecho que los prejuicios son algo necesario no significa idolatrarlos, ni darles rienda suelta. Cuando yo era pequeño, y mucho tiempo después, me dijeron muchas veces que tenía que aprender a escuchar más atentamente a los demás antes de decidir con demasiada rapidez lo que creía que estaban tratando de decir. Las personas que me lo decían tenían razón, pero solo comprendí lo que querían decir cuando aprendí a escucharme a mí mismo. Prestar atención a nuestro propio discurso en acción es más sencillo de lo que podríamos pensar, pero también mucho más escalofriante. Si usted es como yo, le parecerá que el recuerdo de las cosas que ha dicho a lo largo del día le acompañará hasta la noche con un grado de detalle sorprendente. Palabras expresadas en broma y en serio, con alegría y con dolor, cosas dichas a desconocidos y a amigos, a la familia y al dependiente de algún comercio, preguntas formuladas o preguntas respondidas, comentarios profundos o frívolos... todo el batiburrillo de cosas que constituyen nuestra verborrea cotidiana es una ventana a los prejuicios sobre lo que valoramos y lo que nos gusta.

Supervisar nuestro discurso como si fuéramos un observador externo en un puesto de vigilancia en busca de usos considerados inaceptables por la sociedad es como combatir los prejuicios con prejuicios, es juzgar un conjunto de juicios con otro. Así es como el lenguaje se aplana y pierde su textura y sus capas. Antes de empezar a vigilar el lenguaje hiriente o a cambiar expresiones que marginan valores minoritarios tenemos que ser conscientes de cómo es nuestro propio lenguaje. Si no descubrimos cuáles son nuestros prejuicios, si no identificamos los valores y preferencias que comunicamos a los demás de manera evidente o entre líneas, no podemos decidir realmente cuáles son adecuados y cuáles no.

Se dice que san Agustín agradecía no ser responsable de sus sueños, pero esa misma idea también lo perseguía y acosaba: «Ciertamente, no puede ser que cuando estoy dormido no sea yo mismo». ¿Haríamos responsable a alguien si utilizara insultos racistas en un sueño, o si hablara en sueños? Tal vez en cierto momento decidamos hacernos responsables a nosotros mismos de esos estallidos aparentemente incontrolables, pero eso nos corresponde juzgarlo a nosotros y solo a nosotros. Pero aunque no estemos físicamente dormidos, muchas veces nos hallamos en una especie de sopor o somnolencia cuando nos descubrimos manteniendo un prejuicio hiriente. Lo importante es despertar; no ceñirse a las normas, sino darnos a nosotros mismos una buena sacudida. A veces, las cosas que nos enseñaron antes de que tuviéramos suficiente sentido crítico para rechazarlas simplemente se nos escapan sin darnos cuenta. Una cosa es que nosotros nos fijemos en esto; pero que otros nos condenen por nuestros deslices inadvertidos a menudo no es más que una incivilidad improductiva que nos pone a la defensiva, en una situación en la que es más difícil detenerse a mirar.

Repitámoslo: no podemos vivir sin prejuicios. La vida es demasiado corta para examinar todo lo que decimos. Hasta aquí es obvio. Sin embargo, hay conjuntos de prejuicios y de ideas que requieren que los descompongamos y analicemos. ¿Cómo sabemos cuándo es preciso sacar a la luz un prejuicio y examinarlo, o cuándo deberíamos simplemente dejarlo estar? Lo sabemos. Siempre lo sabemos. Los prejuicios «inconscientes» profundos que conforman el lecho firme de nuestra mente, el código que nos permite que la mente se ocupe de percepciones e informaciones nuevas, puede no estar enteramente fuera de nuestro alcance. Pero con frecuencia su interferencia es demasiado oscura e impenetrable como para reclamar nuestra atención. Y también hay prejuicios «preconscientes», más superficiales, que permanecen fuera de nuestra vista, en los márgenes de nuestra atención. Los conocemos por las sombras que proyectan sobre la claridad de nuestras opiniones. A menudo, su presencia no es más que un indicio, una idea de que hay algo más que ver y que no nos sentimos demasiado cómodos mirando.

¿Quién de nosotros no ha *descubierto* algún prejuicio a la hora de elegir sus palabras, o al tomar la decisión de actuar en una determinada dirección? Vacilamos a la hora de admitir la intromisión de un prejuicio y nos acomodamos deliberadamente en él, pero sabemos que está ahí. Preferimos dejar pasar el momento, reconfortados por la tranquilidad de que si lo mantenemos apartado de la vista volverá a adormecerse. Escuchamos historias de amabilidad, desprendimiento y generosidad y se enciende una pequeña luz de comprensión. Después, esa luz se apaga y volvemos a las demandas menos exigentes del «mundo real». De algún modo, sabemos con certeza que esos sentimientos vagos y preconscientes que nos invitan a luchar contra el prejuicio anularían los hábitos de pensamiento y de acción a los que hemos acabado por acostumbrarnos. Tal vez despotriquemos contra los prejuicios que mantienen a una sociedad o una cultura dividida o enfrentada a sí misma. Puedo discutir de forma furibunda contra el prejuicio del punto de vista de un adversario. Puedo trabajar incansablemente para limpiar la discriminación integrada en las ideas dominantes, o en las leyes, o en las filosofías de una época. Pero si no me vuelvo para hacer frente a esos indicios preconscientes de los márgenes de mi propia mente, mis palabras son un metal que suena o un címbalo que tintinea. Después de todo, lo contrario del prejuicio no es la tolerancia. La tolerancia no es ausencia de todo juicio, ya sea crítico o prejuicioso. Es el juicio vigilante.

Muchas veces, los juicios rigurosos emitidos precipitadamente nos castigan más que la persona a la que estamos criticando. Dejan tras de sí un resto de resentimiento y, a veces, de lamento que nos devora. Pensamos cómo podríamos haber dicho de forma más clara lo que queríamos decir, lo enfadados que estamos con la persona a la que juzgamos. Por una parte, todos sabemos el daño que pueden hacer las palabras y desde pequeños se nos enseña a tener cuidado con lo que decimos. Por otra, tal vez no pensamos suficiente cuánto daño hacen a la persona que las dice, ya sea en forma de un regusto amargo o de una creencia errónea que debemos sostener para mantener la imagen que hemos creado de nosotros.

Las ideas fijas que tenemos de nosotros mismos, unas ideas con las que nos sentimos cómodos, que nos confirman de nuevo que nuestro mundo es *el* mundo, son la forma de vacunarnos contra la conciencia de nuestros propios prejuicios. Así es como el intelecto nos lleva a confundir la opinión con la realidad. Un prejuicio curable es como una lámpara que llevamos a plena luz del día para «mostrar el camino a los demás». Pero el sol brilla y nuestra lámpara solo funciona si, primeramente, oscurecemos el mundo. Hay prejuicios que llevamos dentro para corregir, aunque muchas veces preferimos dejar que oscurezcan las opiniones de los demás. En lugar de luchar *contra* nosotros mismos, luchamos *por* nosotros mismos.

Si los prejuicios son una necesidad, entonces con más razón hay que cultivar los hábitos del juicio. Los hábitos del juicio no son soluciones para los problemas. Son semillas de las que nacen las soluciones. Los prejuicios no son instintos que se puedan dejar en paz hasta que se escapan de las manos. Requieren atención, exactamente igual que los carpinteros necesitan tomarse tiempo para afilar sus herramientas. El primer paso, siempre el primer paso, es aceptar la bendición de esos momentos en que un prejuicio se tambalea inestable en nuestra mente y suplica atención. Sin eso, la civilidad solo puede parecer fatigosa y antinatural.

Cinco

Llegados a este punto debería estar claro que la forma en que utilizo la palabra «civilidad» no coincide con su significado ordinario de buenos modales y adecuado decoro, ya sean sentidos de corazón o tan solo una fina pátina de normas de etiqueta. La civilidad que me he propuesto elogiar no es un brote o un efecto colateral de las costumbres sociales que rigen nuestro comportamiento en público. Tampoco es un conjunto de principios éticos fundados en la convicción personal y aplicados con la debida deliberación. Es un estado mental que se revela en el impulso natural de tratar de llegar a alguien en apuros con la amabilidad, de aliviar las hostilidades momentáneas y restablecer la armonía, de disfrutar de la felicidad de los demás. No tengo la menor duda de que los buenos modales y la persuasión moral tienen mucho que aportar al bien común y a la calidad de vida, pero su contribución no cubre todas las facetas de la vida. Su eficacia disminuye ante las pasiones y excentricidades de enamorarse profundamente. Las pasiones también son igualmente poco fiables como guía para la civilidad.

Al mismo tiempo, no tengo ninguna duda de que la civilidad es en su mayor parte impotente ante la violencia armada, la discriminación sistemática, la histeria de masas, los desarreglos mentales, el razonamiento ilógico y toda clase de crueldad calculada que los seres humanos somos capaces de infligirnos los unos a los otros. Pero ningún catálogo de todas las cosas que la civilidad no puede hacer ni de todas las situaciones en las que está fuera de lugar debería cegarnos para lo que sí puede obrar y para las situaciones en las que es la mejor alternativa.

Regresemos por un momento a la experiencia de enamorarse. La civilidad no comporta el compromiso a largo plazo que habitualmente asociamos con el amor. Ciertamente, no comparte las intensas oscilaciones que van desde el éxtasis hasta la tristeza. Pero sí tiene un elemento importante en común con el amor: que es desinteresado en el aquí y ahora. Es algo en lo que literalmente «caemos», algo superior a nosotros mismos, algo que suspende las reglas de la lógica o, incluso, del sentido común.

En un poema chino medieval de la famosa poetisa y calígrafa Guan Daosheng, hay una imagen que me parece útil para llevar la comparación un paso más allá:

Tomando un trozo de arcilla, moldeo una imagen de ti y otra de mí misma.
Tomo ambas figuras, añado un poco de agua, y las amaso de nuevo para formar un único trozo de arcilla otra vez.

Después, hago dos figuras nuevas, una de ti y otra de mí.
Ahora yo estoy en tu arcilla y tú en la mía.

¿Quién de nosotros no desearía que los sentimientos expresados en estos versos fueran parte de la historia de su vida? Hasta el relato más sereno y minucioso de los pormenores del amor consideraría una bendición inolvidable el más leve recuerdo de semejante intensidad de sentimiento. Haberse perdido uno mismo y la persona amada en algo mayor, aunque sea brevemente... ¿acaso esto no bebe de algún modo inescrutable de la médula misma de nuestra humanidad? Y si es así, ¿acaso el funcionamiento ordinario de la civilidad en la que casualmente nos vemos envueltos, o en la que nos permitimos fundirnos, no nos recuerda ese mismo impulso que siempre está a nuestro alcance?

Cuando Sigmund Freud cambió el bisturí por el diván (el primer artículo que publicó, recordemos, versaba sobre la disección de anguilas para localizar los perdidos testículos), la única herramienta en la que podía confiar era la conversación. Le costó cierto tiempo descubrirlo, pero no era *su* parte de la conversación, sino la del paciente, la que obraba la curación, cualquiera que fuese la que hubiera que aplicar. Con independencia de lo que podamos pensar de su validez científica, las interpretaciones que hace un terapeuta de los recuerdos y fantasías de otra persona no tenían ninguna consecuencia terapéutica hasta que esa persona era capaz de recontar la historia de su vida sin la angustia y la neurosis que antes paralizaba su narración.

Freud tenía razón en una cosa. Siempre estamos contando y recontando la historia de nuestra vida. Y esas revisiones son una tentativa natural de la mente de sustituir lo que ha quedado dañado, de aliviar el dolor o de restablecer el equilibrio de algún otro modo. Ese mismo mecanismo opera cuando asumimos nuestra responsabilidad o cuando echamos la culpa a otros, cuando contamos la verdad de lo sucedido o cuando la ocultamos. Tanto si aceptamos el pasado como si lo reprimimos, ese pasado no deja de formar parte de la historia que contamos de nuestra vida. Ya sea expresándolos abiertamente con palabras o clandestinamente mediante angustias, los recuerdos y los sueños, las esperanzas y las ilusiones que acumulamos día a día —hinchándolos o devaluándolos según nuestra voluntad— no se olvidan nunca por completo. En un sentido importante, yo soy la suma de las historias que cuento de mi vida. Escuchar las historias de otras vidas, tanto de ficción como reales, afecta a la historia que contamos de nuestra propia vida. Así también al público a quien se la contamos. Con más frecuencia de lo que suponemos, los elementos se entremezclan y reordenan como las imágenes de un caleidoscopio y, con ellas, nuestra percepción de quiénes somos y cómo queremos ser percibidos. No existe una «verdadera identidad» que pueda juzgar a todas las demás, así como no hay una verdadera historia de nuestra vida. Nos inventamos a nosotros mismos de forma diferente cada vez que contamos una historia. Hasta nuestro último aliento consciente, el conjunto de la historia está siempre en proceso de creación. El presente no es solo el resultado de todo lo sucedido en el pasado; es la patria permanente de la historia que contamos de él.

Pero la historia de nuestra vida a pequeña escala también enmarca nuestra historia de la humanidad a gran escala y en general. Las dos historias nunca coinciden exactamente. Siempre hay una desconexión entre quién soy y lo que pienso de la naturaleza humana en la que he nacido. Aquí hay algo más de lo que una simple acusación de hipocresía o de fracaso personal pueden explicar. Es una forma de situarnos a nosotros mismos en un relato mayor que el propio. Y la forma en que presentamos esa historia a los demás tiene una fuerza que va más allá de los confines de la identidad personal.

Una de las mejores imágenes de la forma en que interactúan estos dos relatos se puede encontrar en la historia que enmarca esa joya de la literatura islámica del siglo VIII conocida como *Las mil y una noches*. Comienza una noche cuando el rey Sah Zamán sorprende a su esposa en brazos de un esclavo de palacio y pasa a ambos por la espada allí mismo. Devastado y avergonzado, va a visitar a su hermano, el rey Sahriyar. Por casualidad, se asoma a la ventana del palacio y descubre a la esposa de su hermano ocupada en una actividad aún más escandalosa. Incapaz de contenerse, Sah Zamán refiere los hechos desnudos a Sahriyar y los dos regentes emprenden un viaje para reflexionar sobre el curso de acción que van a adoptar.

Caminan día y noche hasta que llegan a una pradera situada junto al mar, donde se detienen a descansar bajo un árbol. De repente, ven una gruesa columna de humo negro alzándose desde el mar. Atemorizados, trepan a toda prisa a lo más alto de un árbol y observan. El humo se materializa en un genio, que abre un baúl del que emerge una joven de proporciones fabulosas. El genio se queda dormido y la mujer indica a los dos hermanos que se acerquen. Les muestra un collar formado por quinientos setenta anillos, con cada uno de cuyos propietarios se ha acostado sin despertar la menor sospecha del genio guardián. Después de guardarse de nuevo los anillos, se marcha dejando el comentario burlón de que cuando una mujer desea algo y se decide a hacerlo, ni siquiera un genio puede interponerse en su camino.

La desconfianza de Sahriyar hacia su esposa se intensifica y altera su disposición hacia las mujeres en general. Al volver a palacio, ordena que decapiten a su esposa y pone en marcha una malvada estrategia para asegurar que ninguna mujer vuelva a obtener nunca nada de él. Ordena a su visir que le traiga una virgen esa noche y, a partir de entonces, todas las demás noches. Después, ordena matarlas una vez que han perdido la virginidad. Al cabo de tres años, la provisión de vírgenes del reino estaba agotada y solo quedaban las dos hijas vírgenes del visir, Sahrazad y su hermana menor, Dunyazad. Con la esperanza de poner fin a tanta crueldad, Sahrazad convence a su padre de que la ofrezca a ella para acudir al lecho del rey. Cuando se acerca la fatídica hora, la astuta doncella ruega al rey que le permita despedirse de su hermana antes de ir a encontrarse con la muerte. El rey acepta y, mientras le arrebata la inocencia, los criados corren en busca de Dunyazad. Las dos hermanas se abrazan entre lágrimas y la pequeña ruega una última historia antes de que se separen para siempre. El rey transige y Sahrazad empieza a tejer su relato. El amanecer llega antes de que ella haya terminado, pero el rey está tan intrigado por la historia que le permite vivir otro día para escuchar cómo termina.

Y así, noche tras noche —durante mil y una noches—, fue como Sahrazad trenzó sus intrincadas y encantadoras aventuras, cada una de las cuales dejaba al rey al borde del final y ansioso por conocer su conclusión. Literalmente, la narración de historias fue la salvación de Sahrazad. Le concedió tiempo para preservar su vida y curar al hombre de sus modales bárbaros. Por su parte, el rey estaba tan confundido por los celos y tan deslumbrado por las historias que ni siquiera podía reconocerse a sí mismo en el espejo de las narraciones de Sahrazad, que hablaban de personas que se salvaban contando historias. El ardid de

Sahrazad triunfa y finalmente el rey Sahriyar confiesa en la noche mil y una que su alma se ha transformado fabulosamente escuchándola a ella. En ese momento, Sahrazad llama a Dunyazad, que entra con dos niños en el pecho y un tercero gateando detrás de ella. Sahrazad le recuerda las dos ocasiones en que se encontró indispuesta, las veces que dio a luz a sus hijos. Sahriyar llama a su hermano Sah Zamán y le cuenta lo que ha sucedido. Él también ha quedado sanado de sus recelos y, posteriormente, se casa con Dunyazad.

El uso que hace Sahrazad de las historias para redimir al rey de su condena a las mujeres es una imagen que refleja cómo dos vidas encuentran una intersección en un lugar diferente de la zona de conflicto que los tiene atenazados. No estoy hablando de partir a toda prisa hacia un territorio moral más elevado desde el que mirar altivamente a quienes han quedado atrapados en el lodo de su maldad. Al contrario, al territorio común que ella buscó solo se podía acceder suspendiendo el juicio y la argumentación racional con la esperanza de situar el conflicto por encima del interés personal. Al poner en peligro su propia vida, la esperanza de salvación de Sahrazad parece hacerse eco de la oración del salmista: «A la roca que se alza lejos de mí, condúceme».

Acompañar a Sahrazad mientras conduce al rey poco a poco hacia una mejor versión de su humanidad sirve para comprender lo que sucede en los actos de civilidad ordinarios y sin pretensiones. La civilidad no es un simple acto de desprendimiento; es una declaración acerca de la naturaleza humana. Cuenta la misma historia acerca del impulso humano básico para la convivialidad que las anécdotas que he utilizado para ilustrar el significado de la civilidad. O no, hace algo más. Da testimonio de lo que sucede cuando ese impulso se libera de sus vínculos con los intereses personales para pensar y actuar más colectivamente. De la misma manera, la incivilidad es algo más que un acto de egoísmo ocasional. Es una muestra de lo que sucede cuando ese impulso está vinculado estrechamente a los juicios abstractos y genéricos que se nos agolpan en la mente cuando creemos que tenemos que defendernos de una amenaza aparente, o cuando pensamos que debemos defender nuestra expectativa de cómo deberían actuar los demás. Al situarme a mí mismo en el centro de los acontecimientos, las historias que cuento acerca de la humanidad son siempre pequeñas; mi visión de la humanidad está adornada y ordenada para que coincida con la imagen que tengo de mí mismo.

El impulso originario de conectar con los demás desinteresadamente y de cultivar la convivialidad ocupa un lugar especial a lo largo de toda la historia de la filosofía y la religión. La variedad de teorías y doctrinas en las que se rinde homenaje a este rasgo de nuestra humanidad son evidencia de la durabilidad de nuestra confianza en la potencialidad de hacernos desaparecer a nosotros mismos en aras de un bien mayor.

Esta confianza se ve inevitablemente ensombrecida por los contraargumentos en defensa del interés personal, o por la maldad intrínseca, tan asentada en la base de la condición humana que o bien es indeleble, o bien solo se puede curar mediante la intervención divina.

Por desgracia, no hay ningún lugar en el que podamos colocarnos para contemplar a la humanidad desde fuera y decidirnos por confiar o desconfiar de sus impulsos más íntimos. Lo que podemos decir es que para adoptar una posición de elogio de la civilidad, entendida como una esencia nuestra más importante que las leyes, las costumbres o los buenos modales, tenemos que protegernos de otros instintos más oscuros, poner límites a la descripción de la incivilidad como la actuación de una disposición «natural» incurable. Tal vez los impulsos enfrentados de la civilidad y la incivilidad estén anclados en nuestra naturaleza, pero la decisión de buscar nuestra mejor cara persiste. Arrancarnos a nosotros mismos del centro de las cosas y recontar la historia de nuestra vida en términos más *conviviales* comporta tomar dos decisiones distintas, pero adyacentes: una para enmarcar la historia que contamos acerca de nuestra humanidad y la otra para referir la multitud de pequeñas historias que contamos cada día.

Hace algunos años viajaba yo en un avión para acudir al funeral de mi padre preguntándome qué iba a decir cuando me llegara el turno de hablar. Recordé un fragmento que leí cuando era un joven estudiante universitario. Procedía del elogio que Pericles, el estadista del siglo V a.C., pronunció para honrar a los héroes que habían muerto en la Guerra del Peloponeso. Yo tenía entonces, y sigo teniendo, una opinión muy mala de la guerra como paradigma del heroísmo, de modo que no sé decir qué es lo que se apoderó de mí para que recordara aquellas palabras, pero sucedió. Si yo no hubiera estado tan poseído de mí mismo y de mi preocupación por tener algo adecuado que decir en un momento tan solemne, seguramente habría oído el aleteo de alas a mi alrededor.

«Toda la tierra es el sepulcro de los grandes hombres», dijo Pericles. «Sus historias no están esculpidas en lápidas y plantadas en su suelo nativo, sino que siguen viviendo, a lo lejos y muchas veces sin símbolo visible, entretejidas en la vida de otros».[*]

Supe de inmediato que eran las palabras adecuadas para la ocasión. Sin duda, yo consideraba que mi padre había sido un gran hombre. Y ahora pertenece a algo más grande que su propia vida y su propia familia. Su historia no es algo que se pueda grabar en una lápida colocada en una parcela de algún terreno de la familia. Vivirá en los espacios vacíos de nuestras conversaciones, entre los renglones de nuestras cartas, tejida en la materia de nuestra vida.

Entretejidas en la vida de otros. Esa fue la expresión que llamó mi atención entonces y que me viene a la mente ahora cuando pienso en la opción de contar una

[*]   Traducción del autor. *(N. del T.)*

historia que lo envuelva y lo enmarque, una historia subyacente a la suma de historias que nos hacen ser quienes somos. No hay mucho que pueda decir acerca de lo que sucede después de la muerte, pero esto sí lo sé: quienes somos es algo más que la suma de nuestros días y mayor que nuestra muerte.

¿Cómo lo sé? ¿Y cómo lo sabía Pericles? ¿Cómo podía haber estado seguro de que la gente sencillamente no moría y quedaba en el recuerdo hasta que su historia se desvanecía, momento en el cual moriría para siempre? ¿Cómo sabía que sus historias pervivirían mientras hubiera vida sobre la Tierra? ¿En qué basaba él su convicción de que no se puede enterrar una vida en un lugar, sino que pertenece a la totalidad de la Tierra?

La respuesta sencilla es que no lo sabía, al menos no en el sentido en el que sabemos habitualmente las cosas. Pero tampoco es que simplemente lo creyera, como si un acto de fe le proporcionara una información que los demás no tenían. Lo que él sabía —y lo que cualquiera de nosotros sabría si nos tomáramos la molestia de pensarlo— es que hay en nosotros una esperanza, una confianza incontenible en que de un modo u otro y en contra de todas las evidencias, el tiempo está de nuestro lado. No creemos esto porque lo decidamos, sino porque forma una parte tan importante de nuestra naturaleza que no podemos siquiera llamarnos humanos sin la esperanza de que el tiempo esté del lado de todo lo que vive y muere.

Fijémonos en las evidencias. Antes o después, el tiempo se mofa de quienes fuimos en otra época. Envejecemos, enfermamos, el pelo escasea y cae, nuestros cuerpos se encorvan, nuestros dientes se deterioran, nos convertimos en una caricatura de nuestro antiguo yo. Con independencia del estado en que nos mantengamos nosotros mismos y nuestros médicos, el tiempo *se volverá* contra nosotros. Pero eso no es todo. El sol sale después de la oscuridad de la noche, los vientos cálidos de la primavera disipan el invierno año tras año, las plantas se despiertan de su sueño y vuelven a florecer. Los niños crecen y tienen sus propios hijos, la tierra no olvida cómo producir alimento. Si el tiempo dejara de ser bueno para nosotros, estaríamos acabados.

Finalmente, el tiempo deja de ser bueno para nosotros... como individuos. Morimos y las personas a las que amamos también mueren. Nos queda una alternativa: o aceptamos que el deseo de que el tiempo sea bueno para nosotros es un estúpido sueño imposible y que, al final, ni el bien ni el mal que hacemos nos sobrevive o, en contra de todas las indicaciones de la razón, reafirmamos la esperanza de que el tiempo está de nuestro lado.

Es así de simple. Para ser fieles al profundo e inextinguible impulso humano de vivir todo lo que podamos, tenemos que esperar que el futuro recuerde la vida del pasado, que ninguna muerte es tan grande para borrar nada grande que haya estado vivo alguna vez. Aunque, decididamente, la lógica toma represalias contra esta esperanza, *necesitamos* encontrar un modo de venerar nuestra confianza en la bondad del tiempo. Todas las expectativas concretas de vida después de la muerte, o de rescatar finalmente de la maldición de la muerte todo lo que estuvo vivo en algún momento —que difieren de una filosofía y de una religión a otra— son meros ídolos si eclipsan ese sentimiento sencillo, profundo y universal de esperanza en que el tiempo está de nuestro lado. La razón por la que creamos esas imágenes y creemos tan fervientemente en ellas es que esta esperanza es tan vital para nosotros como el aire que respiramos. Sin ella, no seríamos humanos siquiera. No es que Pericles decidiera ignorar la evidencia de lo que la guerra había mostrado a ambos bandos. Decidió no estar controlado por ella.

Nada se olvida nunca realmente; tal vez no se recuerde de la forma que yo lo recuerdo, quizá ni siquiera de un modo en absoluto humano... pero todo *se recuerda*. Aprendemos a olvidar porque sabemos a la perfección que no podemos cambiar el pasado. Lo reconstruimos en torno a los acontecimientos a los que decidimos engarzar nuestra identidad y a los acontecimientos de los que preferimos desengarzarnos. Pero el milagro de la conectividad que presuponen todas las leyes del cosmos es que nada ni nadie, ni ninguna de las huellas que deja, se puede separar por completo del conjunto. En palabras de la poeta Karthika Naïr, «algunos lazos quedan sin cortar, incluso cuando están deshilachados». Los símbolos de esta conectividad se hallan inscritos en mitos tan antiguos como la historia que habla de recompensas y castigos en la vida ultra-terrena. Y estos símbolos se inspiran en ese impulso humano fundamental de pertenecer a una historia mayor, a un inmenso telar en el que se entretejen las historias de nuestras vidas.

Soy consciente de que diga lo que diga acerca de la decisión de confiar en la orientación fundamental de nuestra naturaleza hacia la convivialidad es demasiado y, al mismo tiempo, demasiado poco. Demasiado porque su conclusión es muy amplia y está más moldeada por el sentimiento que por la razón objetiva. Demasiado poco porque las aseveraciones están expresadas de forma muy vaga y están muy apartadas del lenguaje vívido de la experiencia ordinaria. La única prueba que puedo ofrecer es que la confianza es posible y que las consecuencias de perderla son monstruosas. En última instancia, todo está supeditado a cómo afecta esa confianza a la forma en que escogemos relacionar-nos con los demás. Y también a la forma en que con el paso del tiempo se van acumulando las historias que referimos sobre las decisiones tomadas y van expre-sándose en los hábitos que son portadores de nuestra identidad de un día al siguiente. Las creencias acerca de la naturaleza humana que afirmamos en la verdad en general están igual de vivas que las decisiones que tomamos en lo particular.

He venido insistiendo de forma general en que lo que distingue a la civilidad del buen comportamiento o los buenos modales es que, de algún modo, es una decisión consciente y, al mismo tiempo, un hábito de actuar con naturalidad. Los hábitos son necesarios, pero no necesariamente son reacciones autónomas para pensar o comportarse de una forma determinada. Es gracias al hábito como confiamos en la previsibilidad del pensamiento genérico. Los hábitos son esa forma que tenemos de mantener nuestra mente a flote en medio del torrente del «todo fluye». La civilidad empieza donde esos hábitos empiezan a agrietarse o a venirse abajo. Lo que hemos venido llamando pensamiento colectivo es la cuna de una sabiduría que nunca es mero fruto del hábito, de una sabiduría que sale a la luz cuando las circunstancias piden a gritos algo más que el hábito. He llenado estas páginas de ejemplos concretos de esta sabiduría en acción, pero ninguno de ellos plantea la cuestión de su *cultivo* de forma tan directa como una conversación que mantuve hace muchos años con el presidente de una universidad japonesa.

Estoy seguro de que habrán tenido la experiencia de sentirse especialmente exultantes y de buen humor cuando de repente se topan con un desconocido que necesita ayuda. En ese momento nos apartamos de nuestro camino para echar una mano sin pensárnoslo dos veces. Pero cuando estamos de peor ánimo, amargados, pensárnoslo dos veces suele imponerse. Nos «importa» la inconveniencia y nos ponemos una excusa para seguir nuestro camino. En ambos casos, somos conscientes y tomamos una decisión. Cómo nos sintamos en ese momento no afecta al hecho central: alguien necesita ayuda y nosotros podemos ofrecerla. Como política general, ¿cuál es el mejor modo de ser útil? Sin duda, no queremos renunciar a tener esa sensibilidad especial hacia el prójimo que el alborozo y la alegría despiertan en nosotros, ni al efecto potencial que esa sensibilidad puede tener. Al mismo tiempo, no podemos confiar en que nuestros sentimientos sintonicen con los de quienes solicitan nuestra ayuda. Si nos permitimos que nuestros sentimientos gobiernen nuestros actos, cuando estemos decaídos nos dedicaremos a pensar en nosotros mismos, en lugar de en la persona necesitada.

Ahora pongámonos en el lugar del gerente de unos grandes almacenes que tiene que instruir a su personal sobre cómo debe comportarse con los clientes desde detrás del mostrador. Esta era la cuestión que el presidente de una cadena importante de grandes almacenes de Japón pidió a mi amigo, presidente de una universidad, que abordara ante un auditorio lleno de empleados.

—Les dije que pensaran en todas las personas con cuya vida entraban en contacto a diario a través del acto de ayudarles a hacer una compra. Sonríen como se les ha enseñado a hacer, sin desviarse nunca del papel de ayudante atento, sin incurrir nunca en formular preguntas que no se les ha pedido que respondan, sin permitir nunca que sus sentimientos pasajeros afecten al trato igualitario y sosegado a todos y cada uno de los clientes. *El cliente es un dios*, dice el proverbio, y como tal se le debe tratar con deferencia, manteniéndonos a una distancia respetuosa.

—¿Pero qué pasaría —prosiguió— si pusieran algo *detrás* de esa sonrisa? ¿Qué sucedería si les desearan algo bueno sin decir una palabra, simplemente pensándolo para ustedes mismos? Se encuentran personas que obviamente están tristes, o disgustadas, o simplemente agotadas, y les brindan la misma sonrisa hueca, como si lo único que importara fuera la transacción que les ha llevado hasta ustedes. ¡Imaginen el bien que podrían causar mostrando compasión ante su tristeza, o iluminando su felicidad simplemente mirándoles a lo ojos! Tantas personas, tantas oportunidades perdidas de hacer el bien...

Recuerdo que me impresionó mucho este sencillo mensaje que aquel famoso profesor de economía a quien consideraba un querido amigo había escogido ofrecer a su público. Cuando se lo dije, se inclinó hacia mí, su rostro se nubló y quedó desconcertado.

—¿Sabes lo que me dijo más tarde el presidente de la compañía, aquella misma noche, durante la cena, después de que hubiera bebido el sake suficiente para que se le aflojara la lengua?: «Lo que les ha dicho usted hoy a los trabajadores era interesante, pero es *exactamente lo contrario* de lo que les decimos nosotros».

Su opinión era que es mejor tener empleados con la sonrisa hierática y desprovista de todo sentimiento personal que pudieran tener un día en particular o hacia algún cliente en concreto. Suspender las predisposiciones y eliminar todo contacto emocional de la transacción es una garantía de que se trata a todo el mundo igual. Mi amigo tuvo que reconocer que la cuestión no era tan sencilla como él la había planteado.

No recuerdo dónde fue a parar nuestra conversación después de aquello, solo que sus dudas me acompañaron hasta casa. Desde entonces, he referido aquella conversación en muchas ocasiones e, incluso, he obtenido cierto deleite viendo a otros compartir mi desasosiego ante el dilema. Soy demasiado ignorante de lo que conlleva dirigir unos grandes almacenes como para, de forma genérica, ponerme de un lado o de otro, o para atribuirla simplemente a diferencias «culturales». Aun así, esto sí nos lleva a trazar con mayor claridad la línea divisoria entre la buena educación y la civilidad.

La buena educación y los buenos modales son hábitos a los que recurrimos precisamente porque la mayor parte del tiempo no tenemos que pensar en ellos. En su ejercicio está su propia recompensa. Cuando somos educados, los demás tienden a devolvernos buena educación. La necesidad de la civilidad surge cuando esos hábitos funcionan mal, o no son suficiente. Ante una muestra de mala educación tengo que tomar una decisión que el mero hábito no puede tomar por mí. Puedo guardarme mis sentimientos para mí y, sencillamente, ignorarla. O puedo confrontar al responsable, lo cual puede no hacer ningún bien, pero al menos me asegurará que *mis* hábitos son los correctos. En cualquiera de los dos casos, pienso de forma genérica para evitar tener que pensar mucho. Para pensar colectivamente, para comprender la situación en su conjunto, primero tengo que abandonar la confianza en los modos de comportamiento habituales. Solo entonces puedo decidir qué es lo que en aras de la civilidad puedo decir... o no decir.

Por supuesto que la mejor elección para los vendedores de todas partes es eliminar la falta de educación, en lugar de reprochar directamente a los clientes su mala educación. Cuando las cosas se escapan de las manos, muchas veces la primera reacción es llamar a un supervisor, lo cual es, a su vez, una forma suave de reproche que puede tener un efecto tranquilizador. Aun así, esto deja la cuestión simplemente en manos de otra persona y evita la responsabilidad de esquivar la respuesta aprendida habitual y de tratar de encontrar un territorio común de civilidad con el cliente contrariado. Así que no, no creo que el dilema de los dos presidentes sea una descripción precisa de las opciones de que disponen los empleados de unos grandes almacenes, en igual medida que creo que emitir un juicio o no pronunciarse no son las únicas opciones que tenemos cuando nos vemos sorprendidos por los malos modales de alguien. Cuando la incivilidad desafía nuestros hábitos, a veces tenemos que mantenernos firmes, con la misma certeza en que en ocasiones debemos liberarnos de la garra que el hábito nos impone y con la que nos atenaza.

Cómo se forman y se consolidan los hábitos de pensamiento, cómo domina o retrocede el papel de la reacción habitual en función de las circunstancias, cómo cambian los hábitos por sí solos con el paso del tiempo o mediante un esfuerzo consciente... estos son algunos de los grandes misterios de la psicología humana con los que todos hemos de lidiar. No estoy proponiendo que la civilidad cambie nuestros hábitos, ni los de los demás. Todos hemos aprendido, normalmente con mucho esfuerzo, que no tenemos que hostigar a las personas cuyas ideas o comportamientos nos resultan desagradables, que hay otras formas de mostrar desacuerdo. Cuando estas enseñanzas se vuelven habituales en nuestro comportamiento y nuestros modales, podemos confiar en ellas. Los hábitos funcionan mejor cuando no tenemos que pararnos a pensar en ellos. La civilidad detrás del mostrador no sustituye a la ecuanimidad de mantener en nuestro rostro una sonrisa habitual y no imponernos en todas y cada una de las situaciones, pero sí nos plantea la necesidad de estar alerta a esos momentos en que hace falta algo más. Tal vez solo una vez al día, o una vez a la semana, o incluso menos. Pero cada vez que respondemos con civilidad consciente también somos conscientes de los límites de nuestra respuesta habitual. En una palabra, la civilidad aporta conciencia al hábito.

La decisión de actuar con civilidad puede ingresar en la historia de nuestras vidas como una tempestad, pero más habitualmente se experimenta como una brisa suave que solo acaricia nuestra mejilla y, sin embargo, parece embutir toda nuestra alma en una determinada situación. Nos dice de qué estamos hechos y de qué está hecha la humanidad de una forma que ninguna dosis de meditación sobre los recuerdos puede hacerlo. Las historias que constituyen nuestra identidad son más ricas gracias al entusiasmo que se deriva de haber participado en un acto de civilidad que no nos corresponde reivindicar como nuestro. Desde que éramos niños aprendimos a protegernos contándonos historias para evitar la culpa o llevarnos el mérito. Y, de hecho, muchas de las historias que contamos siendo adultos para confirmar nuestra idea de quiénes somos y para anunciarlo a los demás son de este tipo. Pero las historias que nos *salvan* son aquellas que nos apartan del centro de la escena. Los actos de civilidad modifican la forma en que contamos la historia de nuestra vida y nos curan de la idea de que la totalidad de nuestra humanidad está metida en nuestro pellejo. Nuestros gozos y nuestros pesares son más profundos cuando sabemos que los demás han experimentado lo mismo. El acto de civilidad más simple y menos presuntuoso puede abrirse paso y conducirnos a un paisaje en el que los hábitos y los recuerdos a los que recurrimos cuando decimos «yo» parecen más pequeños y, sin embargo, y curiosamente, son más grandes que nunca.

Seis

Una mañana temprano entré en el recinto del templo Ryōan-ji, en Kioto, con el cardenal Carlo Martini de Milán. Le presenté al abad del monasterio, con quien lo dejé, y me dirigí yo solo al famoso jardín de piedra. El recinto todavía no estaba abierto al público y me encontré completamente a solas. Solo me acompañaba la presencia de un joven monje sentado en un extremo. Al cabo de unos minutos, el monje se acercó y se sentó a mi lado en un banco desde el que se veía el jardín. Tenía el gesto serio cuando empezó a instruirme.

—Este lugar encierra un gran misterio, ya sabe. Vengo aquí todas las mañanas para meditar y todavía me deja perplejo. Este jardín lleva más de quinientos años desconcertando a personas como yo. Algunos piensan que no hace más que embaucar al espectador para hacerle pensar que tiene algún significado, cuando no tiene ninguno. Por lo que a mí se refiere, quiero mantener la mente abierta, que es la razón por la que me siento aquí un día tras otro pensativo, a la espera de que el jardín revele su secreto...

Permaneció a mi lado y continuó hablando. Yo empecé a lamentarme por mi joven amigo, pero habría sido cruel insinuarle que quizá estaba perdiendo el tiempo. Entonces se me ocurrió algo. No estoy seguro de por qué dije lo que dije, solo sé que quería aligerarle el ánimo.

—¿Conoces a Simon y Garfunkel?

—Claro, me encantan sus canciones.

—Bueno, entonces seguramente conozcas la canción «I am a Rock». Quizá ahí esté tu respuesta.

Yo solo estaba bromeando, pero en lugar de limitarse a reír, se tomó muy en serio mis palabras y me devolvió una mirada expectante. O bien tenía yo que admitir que solo estaba provocándole, o bien tenía que encontrar otra salida. Decidí improvisar.

—Aquí en el jardín hay quince rocas, ¿no? Y dondequiera que te sientes, desde cualquiera de estos bancos, solo ves catorce de ellas. Bueno, el «yo» es la roca que no puedes ver. ¿No es eso lo que tratas de comprender con la meditación zen, que con independencia de en qué lugar del mundo estés nunca puedes ver el «yo»? Piensas que lo ves y, a continuación, resulta que está en otro sitio. La búsqueda de la roca oculta es la búsqueda desesperada del «yo». Lo que parece un misterio profundo no es en realidad más que una sombra que nubla la mente.

Jamás olvidaré lo que sucedió a continuación. Miró al cielo y puso los ojos en blanco, se levantó y se marchó moviendo el dedo índice y murmurando para sí: «*Yo* soy la roca. *Yo* soy la roca...», hasta que desapareció por el camino que conducía fuera del templo.

¡Dios mío! ¿Qué es lo que había hecho? Yo quería que se detuviera y que durante un instante se tomara a sí mismo menos en serio, no *más* en serio. ¿Acaso acababa de empujar a un espíritu que andaba dando vueltas en círculo en una dirección para que diera vueltas en dirección contraria? Cuando quise echar a correr para alcanzarlo, ya se había marchado hacía mucho. Jamás volví a verlo.

Al igual que muchas cosas que nos descubrimos diciendo sin apreciar verdaderamente su significado hasta mucho después, en mis palabras había más de lo que yo creía. Nos gusta pensar que la sabiduría aflora después de una reflexión profunda, pero lo cierto es que puede presentársenos a cualquiera de nosotros... de forma inesperada e inmerecida. ¿Qué dice el salmista? «De la boca de lactantes y niños...». Yo quería enseñarle al monje una lección acerca de la presuntuosidad, pero él me había impulsado a decir algo sobre el jardín de rocas que quizá no se me habría ocurrido en otras circunstancias.

El episodio del templo Ryōan-ji lleva nuestra discusión sobre la civilidad más allá de las relaciones personales. No importa dónde nos situemos para contemplar el mundo natural: los seres humanos nunca están en el centro. La naturaleza no es el «entorno» de los seres humanos. Nuestra historia en este planeta es demasiado breve para tanta arrogancia. En realidad, no es un entorno en absoluto, pues no hay ningún centro en torno al cual gire todo lo demás. O quizá, mejor dicho, porque su centro está en todas partes. Cada elemento o conjunto de elementos es un punto en el que el mundo entero se concentra solo en esta ocasión y nunca más. Cualquier posición privilegiada que concedemos a la vida humana es cosa absolutamente nuestra. El mundo ya estaba en construcción mucho antes de que nosotros evolucionáramos para aparecer en escena. Sigue siendo un milagro de conexiones que excede con mucho cualesquiera que nosotros pudiéramos realizar en el intento de reivindicarlo como *nuestro* entorno. Nuestro elogio de la civilidad estaría incompleto si excluyera a la Tierra.

El genio no es ninguna excusa para la incivilidad. (Richard Wagner es un caso pertinente. Se dice que el poeta W. H. Auden lo calificó diciendo que «es indiscutiblemente un genio, pero aparte de eso es una mierda absoluta»). Así también el progreso de la civilización no es excusa ninguna para la incivilidad de que hacemos gala en la administración del mundo natural. Cuando nos referimos al resto del planeta diciendo «no humano» con el fin de excusar nuestra devastación de los recursos, estamos empleando el peor argumento posible: un argumento *ad hominem*, lo que toscamente podríamos traducir como «argumentación por insulto». Lógicamente, ningún debate se «gana» intimidando a una parte para que se retire. El objetivo de una historia como esta es descartar la disputa, no enzarzarse en ella.

Nada es más perjudicial para la civilidad que utilizar como arma la injuria. Convertirse uno mismo en la piedra angular de una interacción condena a la construcción al derrumbe; discutir en el marco de este estereotipo interesado encierra a una discusión activa en un ataúd. Cuando un intercambio de ideas se convierte en un altercado y los argumentos se enconan o pasan a formar parte de una disputa, el objetivo ya no es averiguar qué lado es el correcto, o si lo correcto reside en algún lugar intermedio entre las concepciones rivales, sino ganar y, en el proceso, hinchar la imagen que tenemos de nosotros mismos. Cuando pienso en todas las correcciones y reprobaciones que he dirigido a otros o he recibido de ellos desde mis días de juventud hasta el presente, tengo que decir que tuvieron su impacto más duradero cuando se dijeron sin malicia o desdén. La maldad puede ser efectiva, pero siempre tiene un coste. Cuando alguien se aleja de nuestra presencia pensando peor de sí mismo que cuando llegó, nosotros acabamos tan desinflados como ellos. La incivilidad es un daño que nos infligimos.

Se puede decir lo mismo en buena medida de esa lógica *ad naturam* consistente en abusar de la Tierra y silenciar su voz. Desde los tiempos en que aprendimos a controlar el fuego y empezamos a fabricar herramientas, la humanidad se ha visto enzarzada en una disputa con las fuerzas de la naturaleza. La civilización ha progresado no solo utilizando las leyes de la naturaleza en su propio beneficio, sino también tomando en sus propias manos las riendas de la ley. A medida que nos vamos volviendo más conscientes de que las recompensas por ganar han dejado a la naturaleza fuera de la conversación, así también hemos acabado por cuestionar la lógica del insulto que opera en el trasfondo. La ostentación que hacemos de nosotros mismos como amos de todo lo que está por debajo de nosotros en la jerarquía evolutiva ha llegado hasta un umbral que amenaza a la civilización misma.

Los humildes, se dice, heredarán la Tierra. Sin duda, no será acobardándose ante la insolencia de quienes denigran los derechos de los seres no humanos. Heredar la Tierra, con toda su historia y su diversidad, con sus fortalezas y sus fragilidades, requiere esa misma mentalidad que nos permite heredar la historia, la diversidad, las fortalezas y las fragilidades de nuestra naturaleza humana: requiere una mente que piense de forma desinteresada, colectiva, convivial. Esto, y no la mera docilidad anticuada, es lo que significa ser humilde.

Agudizar nuestro sentido de convivialidad con el planeta ha revitalizado la imaginería que antropomorfiza nuestras alianzas con el mundo natural utilizando las relaciones entre las personas como una metáfora de nuestra forma de relacionarnos con la naturaleza. El problema es que la medida de la relación sigue vinculada a nuestra definición de ser humano. Para mantener el equilibrio también debemos mirar las cosas desde el otro lado de la valla, donde no tenemos el control de toda esa imaginería. Desde esta perspectiva, la respuesta de las fuerzas de la naturaleza a nuestros excesos a la hora de transformar la Tierra en el mejor entorno posible para la humanidad puede considerarse una metáfora de la práctica de la civilidad en la sociedad humana.

Cuando antes hablábamos de actuar *de forma natural* eliminando el ego heroico desde el centro de una situación, nos referíamos a actuar siguiendo los impulsos más profundos de nuestra humanidad. Pero esto no oculta que la totalidad de nuestra naturaleza está envuelta en una naturaleza mayor, cuyos impulsos originarios alimentan todo lo que reivindicamos como característicamente humano. Cuando sigo los dictados de mi corazón o de mi conciencia no estoy actuando de forma sobrenatural frente a las leyes que gobiernan el resto del mundo natural. Yo encarno esas leyes en no menor medida que la manzana que cae al suelo o el búho que depreda un conejo. La diferencia es el nivel de control que aporta la conciencia; esa particular maravilla de las maravillas de la evolución que denominamos «libertad». Por arraigada que esté la idea en nuestras filosofías, psicologías y sistemas legales, esta libertad nuestra está poseída por la paradoja de que no somos libres de comprender lo que realmente significa. Esto nunca está más claro para nosotros como cuando nuestros impulsos se sitúan a caballo, en la frontera entre la naturaleza humana y la naturaleza en general, con un pie firme en la necesidad de decidir y el otro, afianzado en la necesidad de dejar pasar las cosas. Es aquí donde sustituimos el discurso de la libertad por nociones igualmente desconcertantes, como la de «destino» o la de «designio», en las que el revestimiento antropológico de cuál es el lugar que ocupamos en el orden de las cosas se vuelve del revés.

Esto me recuerda un debate de ética que mantuve con un reducido círculo de colegas y amigos en Kioto. En realidad, la única parte que recuerdo es una historia que el maestro zen Hirata Seikō del templo Tenryū-ji refería acerca de uno de sus predecesores. Sucedió después de la guerra y la gente estaba desorientada. Desencantados de sus líderes políticos y religiosos, se sentían como animalillos a merced del monstruo de la desesperanza. La angustia por no saber cómo iban a alimentar a sus familias y recibir la atención médica que necesitaban, por tener que confiar la educación de sus hijos a un sistema que los había traicionado y por ignorar cómo iban a restablecer su orgullo nacional se acumulaba junto a la realidad paralizante de la derrota. Un día se anunció una conferencia de un monje local bajo el título de «¿Qué vamos a hacer ahora?». El monje subió al estrado para enfrentarse a un océano de rostros que se habían congregado allí para escucharlo. El silencio se apoderó de la sala.

—Imagine que está de pie en la orilla de un río un día de invierno, contemplando pasar las aguas gélidas y turbulentas. En mitad de un puente cercano ve dos figuras de pie, la de su madre y la de su esposa, embarazada de su primer hijo. De repente, el puente se viene abajo y ambas caen a la corriente helada. Cuando repara en que solo puede salvar a una de ellas, ¿a cuál salvaría?

Diciendo esto, el monje dejó a un lado el micrófono y levantó la vista expectante. Al cabo de un minuto, alguien del público se levantó.

—Yo salvaría a mi madre. Nuestra relación se remonta al principio de todo y yo debería honrarla por encima de todas las cosas.

Y así comenzó el debate.

—Sí —tomó la palabra otra voz—, pero cuando creas una nueva familia, esa familia pasa a ocupar el primer lugar. Yo salvaría a mi esposa.

—Y, además, si salvas a tu esposa salvas a dos personas.

—Pero tu madre... nadie podrá reemplazarla nunca...

Transcurrido un rato, una mujer del fondo de la sala interrumpió el debate y se dirigió al monje que estaba en el estrado.

—Se supone que esta es *su* charla. ¿A cuál salvaría *usted*?

El venerable anciano sonrió.

—A la que estuviera más cerca de mí.

A veces se nos imponen decisiones trascendentales, que nos van a cambiar incluso la vida, y no tenemos tiempo o recursos para razonar sobre ellas. La confusión que la naturaleza teje en la mente de sus hijos cuando han llegado al límite no es el cosmos que desdeña nuestras pequeñas pretensiones de libertad. Forma parte del derecho de nacimiento a la libertad.

Nadie en la sala habría podido dejar de comprender ese detalle en la respuesta del monje. Aunque carezcamos de los medios para razonar y poder tomar una decisión libre, cuando las circunstancias avasallan nuestro sentido de lo bueno y lo correcto pero siguen urgiéndonos a actuar, la libertad para decidir qué tenemos que hacer a continuación ya no es algo que poseamos. Es algo que nos posee. Sin un sentido innato de nuestra conexión con el mundo natural estaríamos inmovilizados.

Responder a la que quiera que sea la necesidad más próxima es nuestra forma de apoyarnos en la naturaleza cuando nuestras piernas han dejado de sustentarnos. Comprender con Heráclito que «todo fluye» no aporta claridad moral, ni genera mandamientos morales. Como máximo, nos insta a resignarnos a las cosas que no tenemos libertad para cambiar. La confluencia y la transitoriedad de todas las cosas que arrastró a las dos mujeres ante el brazo tendido de su hijo y su esposo pertenecen a un ritmo de las cosas que trasciende el nuestro. La civilidad hacia la Tierra empieza con esa idea.

Nuestra «discusión» abierta con la Tierra sobre el control de sus leyes es una lucha tan compleja y propensa al conflicto como el solapamiento de la naturaleza humana y la naturaleza en general, de la libertad y el destino, de la razón y de la realidad que desborda sus límites. Hubo un tiempo en que había un mundo natural sin seres humanos. Y algún día volverá a haberlo. Por lo que sabemos, en otros lugares de la inmensa extensión del cosmos existen mundos parecidos. Mientras tanto, y al tiempo que rechazamos la idea de que existe un dualismo entre los dominios humano y natural y aceptamos que todo está inextricablemente conectado con todo lo demás, la civilidad tendrá que desempeñar su papel en esa discusión.

Decir que todo está conectado y que las historias de la razón están todas envueltas en una historia mayor no significa que la realidad misma sea una especie de sistema nervioso central gestionado por un único cerebro, como un gran Maestro Marionetista que se situara por encima de todas las conexiones para impedir que los hilos se enreden. Significa solo que el destino —eso que debe acabar sucediendo de forma natural— ensombrece nuestra libertad para pensar y decidir sin eclipsarla. En esos momentos en que nos descubrimos llevados al límite de nuestra capacidad para administrar las leyes de la naturaleza y asomarnos al abismo sin rostro, nos enfrentamos a la decisión última que podemos tomar como seres humanos, la de gritar desesperados o murmurar las palabras que un antiguo orante azteca dirigía a los cielos: «Te damos las gracias por habernos prestado los unos a los otros durante un breve tiempo».

Es solo cuando volvemos la vista para hacer frente a las demandas de conexión de la vida cotidiana cuando la decisión de no desesperar de nuestra condición humana puede afectar nuestras relaciones con los demás y con la Tierra. Por obvio que nos parezca, los fracasos y desesperanzas pueden acumularse y corroer nuestra gratitud fundamental por estar vivos. Muchas cosas que nos esforzamos por construir se vienen abajo finalmente, aunque nosotros no tengamos ninguna culpa. Cuanto más se repite el proceso, mayor es la tentación de perder la confianza en nuestra libertad y aceptar la autoridad que sea. Parece que cuanto más intento actuar con civilidad, menos repercusión tengo sobre los acontecimientos. Una y otra vez, el «mundo real» me coge del pescuezo y me agita para que me vuelva dócil. Los individuos y las estructuras diseñadas para protegerse frente a las reformas contemplan con sorna el respeto a los demás y a los derechos del mundo natural. Entonces, nuestro idealismo original se transforma en una ideología rival o, sencillamente, reconoce la derrota y se cambia de chaqueta según la opinión de moda; o se marchita y se sume en el cinismo, o engancha su credulidad al castillo de la nube más próxima.

Eso por una parte. Por otra, en los anticuarios de ideas inspiradoras de todos los tiempos y lugares podemos encontrar leyendas sobre individuos que se aferran a sus ideales contra toda lógica. Las más heroicas no son las impulsadas por un ego heroico que se ha fijado como objetivo llevar a cabo nobles hazañas, sino por la privación de recompensas en nombre de algo más importante que ellos mismos. Pensemos en la historia del monje zen del siglo XVII Tetsugen Dōkō, que hasta el día de hoy habita en la imaginación de los niños japoneses como un ejemplo de heroísmo en medio del fracaso.

Cuando era un joven de 25 años, Tetsugen abandonó la tradición de la Tierra Pura en la que se había ordenado e ingresó en un monasterio zen abandonando a su esposa y su familia. Asolado por las dudas acerca del camino que había escogido, encontró finalmente un asidero. Empezó a enseñar y a acoger discípulos, al tiempo que iba ascendiendo de rango en la institución. Cuando se dedicó a una tarea más importante fue cuando su lucha y sus ambiciones personales atenuaron el control sobre su vida. En aquel momento escaseaban los ejemplares de las escrituras sagradas utilizadas por las diversas escuelas budistas de todo el país y las versiones chinas en las que se basaban estaban a menudo plagadas de errores. El sueño de Tetsugen era compilar una nueva edición japonesa del canon budista y ponerla a disposición de todo el mundo.

Para ello, necesitaría un templo donde se albergaran los textos que había recibido de China y las nuevas planchas de madera, una imprenta, grabadores bien formados y un despacho para la venta y distribución... todo lo cual requería dinero, mucho dinero. Pedir limosna por las calles no bastaba. Organizó una gran campaña de recaudación dirigida a donantes acaudalados y trabajó incansablemente en esa tarea durante trece años, hasta que finalmente obtuvo los fondos necesarios para comenzar. Al cabo de doce años y 60 000 planchas de madera, las primeras ediciones estaban listas para la imprenta, dos años antes de que Tetsugen muriese, a la edad de 52 años.

La finalización del proyecto concedió a Tetsugen un lugar de honor en la historia del budismo, pero fueron las acciones que emprendió para impedir su finalización las que le convirtieron en un símbolo persistente de la grandeza humana. Según cuenta la leyenda, cuando Tetsugen estaba en plena recaudación de fondos, el río Uji, al sur de Kioto, se desbordó y arrebató la vida a muchas personas e impuso el hambre a muchas otras. Tetsugen tomó el dinero que había recaudado y lo donó para salvar la vida de quienes se morían de hambre. Sin inmutarse, empezó a recaudar fondos de nuevo.

Algunos años más tarde se declaró una epidemia que se propagó con rapidez por toda la población. Una vez más, entregó todo lo que había recaudado para ayudar a los enfermos y a los moribundos. Retomó su proyecto por tercera vez y por fin fue capaz de llevarlo a término. Según se cuenta a los niños, Tetsugen hizo tres juegos de *sutras*, de los cuales solo el último llegó a imprimirse. Los dos primeros fueron invisibles, pero tuvieron mayor repercusión. Es una verdad tan antigua como nuestras filosofías y nuestras religiones: las enseñanzas grabadas en bloques de madera y repasadas con tinta sobre el papel nunca son tan valiosas o tan reales como las enseñanzas tejidas en la vida de los demás.

Podríamos pensar que hemos llevado muy lejos el elogio de la civilidad, pero en realidad hemos dado la vuelta y retrocedido para volver hasta donde empezamos. La verdadera civilidad no es heroica en el sentido ordinario de la palabra. No se conmemora con monumentos. No está ornamentada, ni pagada con recompensas. No queda registrada en nuestros anales, ni codificada en nuestras leyes o costumbres. No se enseña mediante la disciplina o la discusión racional. Su apego a individuos o sucesos particulares es fugaz; su evidencia es circunstancial. Eso es justamente lo que la hace aún más duradera y digna de todos los elogios que podamos otorgarle.

Las ocasiones en que se reclama civilidad son pocas. En su mayoría, nos deslizamos por entre nuestras interacciones cotidianas confiando en las normas de la buena conducta y la adecuada etiqueta. Cuando surgen diferencias de opinión, o cuando nos sentimos agraviados por un comportamiento desconsiderado o por comentarios malintencionados, todos tenemos nuestra forma de sortearlos sin perder el paso. Cuando nos tocan demasiado cerca y amenazan con causar daños, tal vez decidamos detenernos en el camino y adoptar una determinada posición.

Pero, a veces, solo a veces, la mejor decisión es apartarnos un poco de nosotros mismos, abstenernos de emitir un juicio, recoger todo lo que podamos de la situación y obrar con civilidad. *Sabemos* cuándo son esas veces, pero la perspectiva de perder el control en beneficio de la estupidez o la malevolencia convierte la mejor opción en la menos atractiva. Sabemos por haberlo visto en los demás, o al menos creemos que sabemos, cuál es el modo más seguro de marcharnos como si fuéramos el ganador. Y esta es una gran parte del problema.

Al jefe indio Toro Sentado, de la nación lakota, se le apodaba «lento» por sus modales reflexivos y pausados. Pese al violento ajetreo de la historia en la que desempeñó un papel destacado, también es venerado por las enseñanzas que impartió sobre la generosidad. «Dentro de mí —dijo— hay dos perros. Uno de ellos es mezquino y malvado, el otro es bueno. Pelean entre sí constantemente. Cuando me preguntan cuál de los dos gana, mi respuesta es: gana aquel al que más alimento».

Somos nosotros quienes damos de comer, pero lo que nos proporciona el alimento es lo que vemos que sucede a nuestro alrededor. Como aprendería Toro Sentado en la batalla de Little Big Horn, sería insensato pensar que el perro bueno es siempre el perro discreto y dócil, o que la resistencia y la indignación son siempre señales de que el perro engreído y violento ha tomado el mando. Hemos venido insistiendo en que la civilidad tiene su lugar, pero también puede estar fuera de lugar. Cuando la civilidad está en su sitio, las cosas no tienen que ver con nosotros; la sustracción de juicios es más importante que la adición.

No es menos insensato confiar en que nosotros solos sabemos siempre cuándo es la respuesta adecuada y cuándo no. Decir que el impulso hacia la civilidad y el conocimiento de cuándo se la requiere es «natural» no significa que esté integrada en nuestra naturaleza como individuos de carne y hueso que somos. La conciencia de nuestros impulsos más sinceros y más fiables no aflora ya madura como si fuera Venus saliendo del mar. Crece y toma forma a través de la imitación de lo que hemos aprendido de la compleja, errática e imprevisible red de conexiones que nos convierte en seres sociales. Todo lo que digo que «yo sé» es siempre algo que «yo sé que *nosotros* sabemos». Las decisiones que tomo no son solo mías; también son construcciones sociales. La decisión de dar un paso atrás ante el pensamiento genérico o convencional con el fin de responder con civilidad es una forma de reconectar con algo que sé que sabemos acerca de la naturaleza humana. Es natural no porque yo crea que es mía, sino porque confío en que sea nuestra.

Es fácil pensar que la distinción entre conocimiento social y conocimiento personal es un balancín que me eleva hasta mi propia identidad y, después, me deja caer de nuevo en medio de una comunidad de otros individuos ansiosos por mantener la suya. La realidad no es tan sencilla. Las habilidades que utilizo para mantener el sube y baja en movimiento se aprendieron en la misma comunidad de la que deseo distinguirme y contra la que deseo defender mis libertades. La imitación es gran parte del camino que emprendo definiendo quién soy, decidiendo qué perro alimentar y qué elijo darle de comer. Las leyendas de santos y sabios que me han transmitido de generación en generación establecen el telón de fondo para la imitación y me aportan perspectiva, pero las pinceladas gruesas con que se narran sus historias se solapan con nuestra vida de forma demasiado desigual como para que podamos imitarlas directamente.

Aquí marcan toda la diferencia las figuras que colocamos en primer plano. Mi admiración por la perseverancia y el desapego de sí mismo de Tetsugen solo cobra vida si orienta mi atención hacia ejemplos más próximos a mí, como el de la pareja pobre del otro extremo de la ciudad que tiene que sacrificarlo todo para poder seguir alimentando y vistiendo a sus hijos. Precisamente porque su historia no es material de leyenda, sus luchas cotidianas arañan mi propia arrogancia y me presionan para que emule su valentía.

En una ocasión presidí una conferencia de Gustavo Gutiérrez, un sacerdote peruano que había llamado la atención en todo el mundo por sus esfuerzos por alertar a la doctrina cristiana de sus sutiles pero poderosos vínculos con la pobreza y la injusticia institucionalizadas. Al igual que otros que lo acompañaron en la causa de la «teología de la liberación», Gustavo Gutiérrez había despertado la ira de las clases dominantes en toda América Latina y, finalmente, de las autoridades de Roma.

El debate se prolongó durante casi tres horas y yo estaba a punto de cerrar el acto para que la gente pudiera marcharse a casa a cenar cuando una persona del público, ansiosa, levantó la mano. Decidí aceptar una última pregunta. Era sobre la condena expresada por la curia romana contra los escritos del doctor Gutiérrez debido a sus tendencias marxistas.

Su modesta y sencilla respuesta no ocultaba el sufrimiento que le causó que le hubieran hecho comparecer en Roma y la injusticia con la que se le había tratado como miembro fiel de la Iglesia dedicado a los pobres y los olvidados. Parte de los allí congregados se enfadaron visiblemente por aquella revelación, pero a medida que fue avanzando en su relato se pudo apreciar el cambio de la expresión de los asistentes.

—Dentro de unos días estaré de nuevo en la pequeña iglesia donde celebro misa los domingos. Y allí, en la primera fila, estará María con sus tres niños pequeños. Vendrá con el mismo vestido raído que lleva todas las semanas. Sus niños estarán el domingo lo mejor que ella pueda permitirse solo a base de sacrificarlo todo para darles la mejor vida posible. Cuando pienso en lo que he sufrido por mis escritos en comparación con lo que María tiene que padecer todos los días por sus hijos..., *no es nada... absolutamente nada.**

Sus palabras atronaron en la sala. No hubo necesidad de traducirlas. Después de unos instantes de silencio

* En español en el original. *(N. del T.)*

que parecieron arrastrarnos a todos y sumirnos en la pura humanidad de lo que acabábamos de escuchar, el público se puso de pie para aplaudir. El alma de todos y cada uno de los allí reunidos aprendió algo importante aquel día. No tengo ninguna duda de que no estaba solo en el deseo de haber tenido la valentía de sopesar mi vida en la misma balanza.

Así también, el único modo de compensar los ejemplos de incivilidad que vemos a nuestro alrededor es no dejarnos engañar por ellos y aprender a confiar en los ejemplos ordinarios y en absoluto espectaculares de civilidad que veríamos simplemente si nos tomáramos el tiempo de mirar con más atención. Siempre estamos imitando, pero no tenemos que vernos arrastrados por las modas y mareas dominantes. En nuestras discusiones, ¡cuántas veces imitamos la forma en que se tratan mutuamente los líderes de opinión para entregarse a su incivilidad y admiramos a los expertos que defienden nuestro bando! Con demasiada frecuencia, la intensidad del debate público está alimentada por generalizaciones y principios, lo que marca los límites entre los que están a favor y los que están en contra, de tal modo que dificulta a todos adoptar una posición que respete las diferencias de opinión. Este no es un modelo para nuestras interacciones cotidianas. Cuanto más gobierna nuestros días y nuestras noches, más autodestructivo se vuelve... y entonces se convierte en una pesadilla para cualquiera que viva con nosotros o haya depositado su confianza en nuestros mejores instintos.

Nuestro elogio de la civilidad sería un despilfarro si el resultado fuera desviar la atención de la imitación y limitarnos a hinchar el arsenal de razones para condenar la incivilidad de los demás porque es un obstáculo para nuestra preocupación por cuestiones «más importantes». Igual que las virtudes y los vicios, puede parecer que la civilidad y la incivilidad se amontonan en el extremo más bajo del espectro junto con las bondades y maldades menores, en ese mismo lugar desde el que sonreímos ante la simplicidad de los niños que no pueden manejar los complicados problemas de la vida.

Sin embargo, en aquellas ocasiones en que nos vemos obligados a contemplar nuestra vida en el contexto más amplio de lo mejor de nuestra humanidad, no podemos evitar pensar en lo que hemos perdido de nuestra infancia en el proceso de crecer: maravillarnos ante las ideas más simples y, sin embargo, más poderosas que tenemos. Nuestra mente, embarullada por la marea de opiniones enfrentadas, ha abandonado ideas como el amor y la paz y la justicia, dejándolas sumidas en una niebla demasiado espesa como para poder penetrarla.

Cuán desesperadamente deseamos a veces que otros nos miren como si fuera la primera vez, como lo hacen los niños. Sin embargo, qué raras veces nos vemos a nosotros mismos o a los demás de esa forma. La civilidad no es nada si no es la sensación de asombro infantil que nos hace retroceder un paso... para regresar a la ingenua simplicidad de nuestros ideales y salir del pesimismo de la niebla.

El potencial que tenemos como niños siempre debe luchar contra lo que los demás piensan de nosotros, algunos de los cuales alimentan nuestro perro malo y mezquino. No hay modo alguno de convertirse en lo que somos sin salir de la niebla y decidir por nosotros mismos qué es lo que queremos que nos guíe. Si no lo hacemos, la imitación corre el riesgo de venirse abajo y convertirse en mero mimetismo. En lugar de ocuparnos de cuidar de las semillas dormidas que llevamos en el interior desde nuestra juventud, recurrimos a la fruta de los huertos de nuestros yoes maduros. Sabemos qué supone que el terremoto emocional de una pérdida o una tragedia personal nos saque de una sacudida de esa dependencia; y sabemos lo que es despertar de nuevo para atender aquellos sueños e ideales descuidados que nunca fuimos del todo capaces de abandonar por completo. Estoy convencido de que el sentimiento de vernos barridos y arrastrados en el acto de civilidad más simple puede lograr lo mismo... siempre que permitamos que sus ecos reboten y resuenen en nuestras formas de pensamiento y comportamiento cotidianos.

¿Hay en nosotros algo que parece no poder encontrar voz? Pensemos en la última vez que hemos tenido algo que comunicar, pero no se nos ocurrieron las palabras para hacerlo.

¿Hay algo en nosotros que no se siente «cómodo»? Pensemos en la última vez que estuvimos en un entorno cómodo y, de repente, tomamos conciencia de que estábamos fuera de lugar.

¿Hay algo en nosotros que no encaje en el mundo? En líneas generales, el código cultural que gobierna nuestra vida es tan transparente como el aire, pero siempre hay ocasiones en las que nos sentimos forasteros y nos resulta difícil respirar.

¿Hay algo en nosotros que estamos convencidos de que nadie nos dio? Ni nuestros padres, ni nuestros abuelos, ni nadie... algo al margen del acervo genético y ajeno a nuestra educación.

¿Hemos sentido alguna vez una oscuridad en nuestro interior que no nos permite ver... algún rincón misterioso de nosotros mismos en el que intentamos pensar y que tratamos de observar, pero que siempre queda fuera de la vista?

¿Hay algún punto débil en nuestra personalidad que nos abochorna ante los demás y, sin embargo, nos hace sentir muy fuertes... algún lugar donde podamos dejar pasar las cosas y sentir como si tuviéramos el mundo entero en nuestras manos?

Lo que sentimos cuando respondemos a estas preguntas es una fuente inagotable que podemos dejar fluir en nuestra vida si somos capaces de encontrarla en nosotros mismos para apartarnos del camino y dejarle paso. La civilidad, estoy convencido, es una forma de hacer precisamente eso.

Siete

Epicteto, el filósofo griego del siglo I nacido esclavo y manumitido a los 18 años, dedicó sus enseñanzas a liberar a las personas de lo que él denominaba «la esclavitud del alma». Desde que yo era un joven estudiante universitario, sus *Disertaciones* han formado parte de ese pequeño estante de libros al que acudo aleatoriamente para aclararme la mente. Pese a toda la insistencia de Epicteto en que vivamos de acuerdo con nuestras convicciones, su idealismo como de andar por las nubes es justo lo que hace falta cuando en la vida cotidiana el duro esfuerzo de tener los pies en la tierra se vuelve demasiado insoportable. Me vienen a la cabeza en este momento dos de sus comentarios sobre los ladrones.

«¿Por qué nos enfadamos [con los ladrones]? Porque nos admiramos con los objetos de los que nos privan. Así que no te admires con tus vestidos y no te enfurecerás con el ladrón». (Para ser justos con el texto, el fragmento continúa con una declaración que nos resulta difícil excusar, pese a su antigüedad: «No te admires con la belleza de tu mujer y no te enfurecerás con el adúltero»).

El segundo comentario es una reflexión sobre lo que sucedió después de que un ladrón le robara una lamparilla de hierro que guardaba junto al santuario de su hogar, con las imágenes de los dioses: «Por eso precisamente perdí yo mi candil, porque el ladrón era superior a mí en andar despierto. ¡Lo que ganó él con el candil! Por un candil se hizo ladrón; por un candil, indigno de confianza; por un candil, brutal. Eso le pareció de provecho».*

La conciencia de uno mismo y el desapego son el núcleo de la imagen que tiene Epicteto de una mentalidad libre, a saber: la capacidad de *ver con claridad lo que hay que ver*. El ladrón que no puede ver lo que perdió a cambio de su astucia y el propietario de la casa que se aferra con demasiada fuerza a sus posesiones como para reconocer su auténtico valor están igualmente confundidos. Su identidad es esclava de las cosas mismas que hemos venido señalando como los principales frenos para la civilidad.

Rechazar las palabras de Epicteto aduciendo que solo tienen sentido para quienes ya están de acuerdo con él no nos lleva a ninguna parte. Es verdad que la ética del aforismo es un triste sucedáneo para la conciencia. Sin embargo, el tiempo que se dedica a la sensación de libertad que transmiten las historias de civilidad desapegada y asombrada —tanto propias como ajenas— no es un lujo ocioso. Es un ejercicio de

* Reproducimos la traducción de Paloma Ortiz García en *Disertaciones por Arriano* (Madrid, Gredos, 1993), pp. 112 y 146, respectivamente. *(N. del T.)*

uno de nuestros mayores tesoros: el poder para imaginar lo que sería estar poseídos por esa misma libertad.

Como ya hemos apuntado antes, el resto del mundo no olvida nada; sencillamente, no puede reproducir lo que ha recogido y registrado. Quien haya leído la mágica novela de Gabriel García Márquez *Cien años de soledad* recordará la epidemia de amnesia que asoló la pequeña aldea de Macondo. Los aldeanos empezaron a olvidar los nombres de las cosas y tuvieron que ponerles carteles para saber lo que eran y para qué servían. En su contexto, la imagen hablaba de los efectos de la colonización de una cultura por parte de otra. Pero también habla de lo que estamos hablando aquí. No sabemos qué es la civilidad, ni recordamos para qué es, lo único en lo que podemos confiar es en frases de viejos filósofos o en un memorándum supeditado a un puñado de ejemplos. Solo puede ser un ideal viviente si somos conscientes de él tanto en pensamiento como en la acción.

Nos guste o no, hemos de reconocer que, a veces, nuestras incivilidades nos han reportado cierta satisfacción, una dulce venganza, o incluso cierto gozo, que encuentra un modo de mantenerse vivo en nuestra mente. Pero, al igual que un resquemor que sentimos hacia otra persona, estos recuerdos nos castigan más de lo que nos aporta el objeto de nuestra conquista. Son un peso que tenemos que acarrear y que erosiona los ideales que engañosamente pensamos que defendemos. Al final, reprimir estos recuerdos o expulsarlos de nuestra vista con otros recuerdos es contraproducente. Los únicos ideales que pueden ser eficaces son aquellos que incluyen el recuerdo de nuestros fracasos a la hora de ponerlos en práctica.

Según el mito griego de la vida ultraterrena, quienes entran en los Campos Elíseos del paraíso olvidan los pecados y fracasos del pasado. Solo los recuerdos más agradables perduran toda la eternidad. Esta purga de la memoria es obra del río del Olvido que conduce a ese paraíso imposible sin ideales y concebido solo para quienes escogen olvidar el pasado que los llevó a ser quienes son. Mientras deambulamos a tientas por esta orilla del río en busca de una vida buena, nuestros experimentos con la humanidad no pueden permitirse despachar nuestros fracasos tan rápidamente.

Entre las *Histoires brisées* de Paul Valéry hay una breve alusión al castigo que se impuso a un tal Xios. «Te ordeno que mueras —dijo el rey— pero siendo Xios, no siendo tú». Su nombre y su pasado se alteraron. Cuando trataba de insistir en quién era realmente, la gente lo contradecía con lo recogido en los registros. ¿Acaso no es este el castigo que nos infligimos cada vez que desfiguramos la memoria en unos Campos Elíseos confeccionados por nosotros mismos?

Por supuesto que todos preferimos ocultar a los demás nuestros delitos y los castigos recibidos. Existe un pasado que presentamos en público y un pasado que tratamos de mantener en secreto, por temor al juicio de los demás. Lo que marca la diferencia es *cómo* lo mantenemos en secreto. Si el único objetivo es inmunizarnos contra el hecho de que se descubra, tergiversamos los hechos o embarullamos las preguntas para que encajen mejor en las respuestas por las que ya nos hemos inclinado. Pero si el objetivo es seguir experimentando, necesitamos ese tipo de conciencia de nosotros mismos y ese desapego de los que hablaba Epicteto. Piense ahora en cómo reaccionó en primera instancia hace un par de páginas ante las recriminaciones de Epicteto contra el ladrón y el propietario de la casa y comprenderá lo que quiero decir.

Superar nuestro pasado sin olvidarlo significa romper el apego con el significado que le dimos. Hacemos un juicio apresurado espoleados por el calor de un instante y, pocos minutos después, tenemos que retirarlo. Esto no es olvidar; es recordar mejor. Hay un relato árabe de dos amigos que van cruzando el desierto. Empezaron a discutir y uno de ellos se sintió desairado y avergonzado porque su compañero era más sabio y más inteligente. Incapaz de seguir discutiendo, se agachó y escribió en la arena: «Hoy mi mejor amigo me dio una bofetada».

Al cabo de un rato llegaron a un oasis y se detuvieron para refrescarse. Cuando el que había quedado avergonzado puso el pie en el agua, resbaló en el barro y cayó a lo más hondo. Su amigó le tendió la mano y le salvó de ahogarse. Entonces, sacó un cincel de su morral y grabó estas palabras en una roca cercana: «Hoy mi mejor amigo me ha salvado la vida».

Cuando volvieron a ponerse en camino, su amigo le preguntó porque escribió primero en la arena y, después, en la piedra.

—Cuando alguien te ofende, deja que lo borre el viento del olvido y el perdón. Pero cuando alguien te ayuda, grábalo en tu corazón, donde no haya viento sobre la tierra que pueda siquiera rozarlo.

El viento borró las palabras, pero no el insulto, que simplemente modificó su lugar en la memoria del pasado. Cuando recontamos la historia de nuestra vida, los juicios que ocupaban un lugar central y prioritario en nuestras emociones a menudo se desplazan a la periferia, y viceversa. Resistirse a modificar la historia es congelar la memoria en un lugar.

El desapego de las certidumbres siempre es incómodo. Puede indicar un cambio radical en nuestra identidad, lo que puede producirse lentamente, con el paso del tiempo, a través de la atemperada acumulación de dudas, o de forma brusca, mediante un despertar repentino e inesperado. La respuesta más fácil es reemplazar una certidumbre por otra dejando intacto el apego.

Se dice que Diógenes estaba comiendo alubias con pan para cenar cuando se le acercó el filósofo Aristipo, que se había granjeado una vida cómoda a base de halagar los caprichos del rey.

—Si aprendieras a ser servil con el rey no tendrías que vivir a base de alubias con pan.

—Aprende a vivir a base de alubias con pan —respondió Diógenes— y no tendrás que ser servil con el rey.

El servilismo a un rey no es algo por lo que tengamos que preocuparnos en las democracias de nuestros días. Pero, por sí solo, deponer una monarquía no nos inmuniza contra el servilismo. En ausencia de un monarca, el deseo de seguridad no disminuye con la lealtad a algo que esté más allá de toda duda. El trono vacío reclama certidumbres que asuman la soberanía sobre nuestras vidas. Halagar los caprichos de nuestras certidumbres tiene sus ventajas, pero también un precio.

No pretendo proponer que pongamos patas arriba nuestra mente con más incertidumbres. La vida tal como es tiene ya su forma de proporcionarnos más de las que podemos manejar. Dicho esto, cuando se permite a la civilidad seguir su curso, a veces está destinada a perturbar los hábitos de pensamiento más sólidos y dejar al descubierto su falsedad. Hay que reconocer que sin suposiciones, la mente queda paralizada; pero esto no quiere decir que esas suposiciones tengan que ocultarse bajo certidumbres. Al contrario, la capacidad de convertir certidumbres en suposiciones activas es el único modo que tiene la mente de huir de la tentación del servilismo y la obsesión. Mientras seamos conscientes de que nuestras suposiciones están activas, podemos aceptarlas, rechazarlas o transformarlas. Apartarlas de sus condiciones de funcionamiento e imaginar que están más allá de la historia, la cultura y el cambio social es dejar que se hagan cargo de la custodia de nuestros impulsos naturales y nos gobiernen, como sucedía con el rey y su servil secuaz Aristipo.

La mera mención de la «certidumbre» nos conduce inevitablemente por las turbulentas aguas de la fe religiosa. Aun a riesgo de ofender, y sabiendo perfectamente que mis conclusiones tienen fugas por todas sus juntas, la tentación es demasiado grande para resistirse.

Cuando examino someramente las religiones cuyos textos tengo en especial estima y cuyos ritos me han reportado consuelo en momentos difíciles de la vida, no las veo principalmente como instituciones, ni como reservorios de doctrina, ni como conjuntos de principios morales, ni siquiera como vías para la salvación personal; sino como formas de reconectar con las cosas de la vida, con las personas de mi vida y con el mundo natural.

En religión, como en cualquier corpus de principios, la certidumbre empaña con escarcha el cristal de la sabiduría recibida ocultando de la vista su verdad a base de santificar los adornos de la superficie. Cada vez que veo que organizaciones consolidadas, doctrinas, preceptos morales, creencias en otro mundo o la búsqueda de la paz espiritual obstaculizan esa reconexión, todo mi instinto me dice que sacuda el polvo de mis sandalias y me marche. Cada vez que las enseñanzas religiosas son expropiadas en beneficio de la ingeniería terapéutica del pensamiento y la conducta, abandonan sus orígenes y nuestra capacidad de descubrir esos orígenes en los impulsos de nuestra propia naturaleza. Al igual que cualquier puente construido a base de certidumbres, el apego ciego a la religión conduce fácilmente de una forma u otra a la servidumbre institucional o ideológica.

Dejando al margen las variedades de la tradición religiosa y toda su utilidad social, la esencia de la fe es la intersección de un sentido de la temporalidad —que es visible en el ritmo de la vida cotidiana y en los registros de nuestra historia colectiva— y un sentido de la *eternidad:* que es invisible, incognoscible, incontrolable. Cómo escogemos imaginar la arquitectura de la eternidad o nombrar su poder es secundario con respecto a la capacidad de detectar su intersección con la temporalidad de nuestra propia vida, entendida como algo más que un imprevisto en nuestra rutina. Para despertar esa capacidad e impulsarla para que tenga consecuencias prácticas, la religión debe finalmente disipar la ilusión de que sus enseñanzas y prácticas constituyen la esencia de la fe. La comunicación de la fe descansa poderosamente sobre símbolos y relatos religiosos, pero si no puede ver a través de ellos la posibilidad de unos ritmos que trascienden los nuestros solo está a mitad de camino de su destino.

La cerámica japonesa del estilo conocido como *kintsugi* es una buena imagen de fe sin certidumbre. Se remonta a un arte de creación de belleza del siglo XV a través de la reparación de tazas de té rotas. Para volver a pegar las piezas se utiliza una laca mezclada con polvo de oro. Las trazas y regueros de oro muestran tanto las heridas como su curación, y lo hacen como no logra hacerlo un esmaltado más delicado. Dan valor a la composición acabada, al tiempo que subrayan la fragilidad de su origen. Lo que sostenemos entre las manos es la restauración de un pasado roto, una imagen de la naturaleza temporal de todo nuestro trabajo manual en intersección con el deseo de superarlo. Reconecta la temporalidad, que avanza desde una fragmentación hasta la siguiente, con el incontenible pero siempre incierto anhelo de reparación. El germen de la fe religiosa descansa dormido en el suelo de ese anhelo, a la espera únicamente de ser despertado de su duermevela.

En su mejor versión, la religión, al igual que el arte, hace algo con el lenguaje que nos excita y nos asusta al mismo tiempo. Nos aparta de nuestras certidumbres cotidianas sin desconectarnos de la transitoriedad de lo cotidiano.

Al otro lado de la plaza donde está el apartamento de Barcelona en el que suelo alojarme cuando estoy en la ciudad se encuentra la Basílica de Santa María del Mar. Entrar, como hago a menudo, es recibir de inmediato el abrazo de la grandiosidad de su espacio, sentir la mirada y el espíritu de uno elevado más allá de las preocupaciones del momento. Olvido de dónde he venido y adónde voy. Aunque solo sea por un breve instante, me siento transportado a un lugar superior a mí mismo. Los estrechos horizontes de mi época se abren; es como si estuviera viéndome a mí mismo desde arriba, desde lo más alto de la cúpula. Seguro que debe de conocer ese sentimiento. No es una ilusión de la arquitectura, sino un anhelo interior de algo que está más allá de toda descripción y que necesitamos para sobrevivir.

Al salir, a menudo debo pasar junto a mendigos que sostienen carteles donde dicen que padecen una enfermedad, o que buscan trabajo y tienen un hogar con niños a los que alimentar. Al igual que muchos residentes en la zona, tiendo a ver sus ruegos con escepticismo. Hay por ahí demasiados mendigos profesionales para saber cuál de ellos merece verdaderamente ayuda. Pero, además, están todas esas historias de indigentes que pagan a médicos para que les amputen una mano o un pie con el fin de mejorar sus posibilidades de recibir limosnas. La sola idea me deja anonadado y me pregunto qué podría llevar a las personas a mutilarse de ese modo. Al mismo tiempo, me enoja descubrirme a mí mismo vencido por un sentido de lástima que no hace más que apuntalar el muro existente entre mí mismo y los menos afortunados. Dependiendo de cuál de estas emociones enredadas acabe ganándome, o bien me llevo la mano al bolsillo o bien finjo no haberme fijado.

Y, sin embargo, a veces reacciono antes de que intervengan mis suposiciones, antes de que mis pensamientos puedan alinearse lógicamente y, sin ningún sentido de la generosidad, ni de la compasión, vacío el monedero en la mano extendida que tengo más cerca. Este gesto espontáneo y sin mérito no es algo que pueda decir que he decidido hacer. Es algo en lo que he participado, desde ese lugar más alto que yo mismo que me acompaña cuando salgo a la escalera de la basílica. Estoy seguro de que también reconoce ese sentimiento como uno de esos momentos en que reconectamos a tiempo con la eternidad, un momento de fe y civilidad auténticas para el que nunca podemos encontrar del todo las palabras.

La civilidad pertenece al presente, plenamente y sin juicio. No tiene ningún plan rector para rehabilitar una vida que está demasiado fragmentada como para que alguna traza de oro adopte la forma de una única historia con un principio y un final. Su plenitud reside en la forma en que acaricia la totalidad de nuestro ser, en un abrir y cerrar de ojos, y después retira la caricia. Ninguna narración que afirme aportar armonía a la confusión global de la existencia puede rivalizar o igualar la ambigüedad que se deriva de tener una mente capaz de formular preguntas que nos superan y no podemos responder. Confiar la custodia permanente de nuestros ideales a ideas fijas acerca de lo que está bien y lo que está mal, de lo que es verdadero y lo que es falso, es poner la plenitud de la temporalidad —esos momentos en los que el tiempo y la eternidad forman una intersección— fuera de nuestro alcance.

No comprendemos la belleza del canto del ruiseñor transcribiéndolo a una partitura. No comprendemos la fuerza creadora de la razón a menos que sepamos cómo dar un descanso a la razón. El relato de creación de los achomawi, unos nativos del noreste de California, nos dice que en el principio solo había un coyote y un zorro plateado. El zorro dijo al coyote que se echara un sueño y, cuando este se quedó dormido, le cepilló el pelo y lo depositó sobre las aguas, con lo que creó la tierra. La creatividad necesita sueño. También en el relato bíblico, el primer regalo que Yahveh entregó a Adán no fue Eva, sino el sueño en el que fue creada Eva. Dar descanso a la razón no es ser poco razonable. Es suspender la razón con el fin de liberarla de la congestión del exceso de trabajo para ver con mayor claridad. Nada de lo que tenemos que decir en elogio de la civilidad, ninguno de los ejemplos que hemos presentado para mostrar a la civilidad en acción, pretende subestimar la facultad de la razón. Al contrario, solo comprendiendo lo que el pensamiento racional no puede comprender es como somos capaces de apreciar lo que sí puede lograr.

Una vez que hacemos la suposición de que la civilidad no es una lucha *contra* la naturaleza humana, sino *a favor* de ella, tenemos todas las razones para anticipar que, siempre que no nos interpongamos en su camino, alguna parte de la naturaleza humana se desbordará sobre las situaciones cotidianas para las que la civilidad en solitario está desgraciadamente mal equipada. La civilidad no es un antídoto para todo lo que envenena las relaciones humanas, sino un punto de partida para empezar a hacer algo al respecto. Incluso aunque estemos manifestándonos en la calle o enzarzados en un debate formal contra ideas verdaderamente peligrosas, nuestras suposiciones sobre la civilidad pueden afectar a la resolución de nuestros actos. No cabe duda de que los buenos modales y cierto sentido del decoro contribuyen a mantener una tapa que contenga las emociones que bullen agresivamente bajo la superficie. Actuar con civilidad es intentar hacer algo con ellas.

La lucha a favor de lo mejor de la naturaleza humana es más amable con la verdad que el apego a las certidumbres, precisamente porque es consciente de que lo que llamamos «la verdad» es algo más que la aquiescencia con los hechos objetivos. Esta aquiescencia siempre lo es con alguien, en algún momento y en algunas circunstancias, pero nunca con todo el mundo, siempre y en todas partes, ni con la misma intensidad. El hábito de actuar con civilidad hacia quienes están convencidos de una verdad que no es la nuestra no altera la lógica de su razonamiento, ni la del nuestro. Sin embargo, como le recordará solo un momento de reflexión sobre algún desacuerdo reciente llevado a una resolución pacífica, la civilidad puede aflojar el nudo que nuestra percepción de los hechos tiene sobre sus conclusiones lógicas.

En este momento se le debe de haber ocurrido que mi diatriba teórica contra las certidumbres por considerarlas un impedimento para el pensamiento claro, para la búsqueda *convivial* de la verdad y para el cultivo de los hábitos de la civilidad no se aplica con tanta facilidad a las convicciones experimentadas por los hombres y mujeres religiosos como a las ideas más abstractas acerca de la esencia de la fe. Sin duda, quienes siguen una tradición religiosa y confían en la verdad de sus enseñanzas para garantizar su salvación se encresparán ante la vulgar acusación de «apego a las certidumbres». La insolencia que estas palabras llevan implícita es inmerecida y no refleja lo que creen, ni cómo practican esas creencias en su vida.

El elemento de rechazo está bien traído y obliga a nuestra crítica de la certidumbre a tener mayor cautela, como cualquier generalización sobre la religión está llamada a requerir. Sin profundizar mucho en la cuestión, yo señalaría, para empezar, que las deformidades de la mente derivadas de la certidumbre religiosa son un aspecto inadecuado para valorar la totalidad de una tradición. Además, pero de forma menos obvia, hasta el compromiso más firme con las enseñanzas y los principios morales que se considera que se han filtrado a este mundo desde una realidad más allá de la nuestra no es principalmente un compromiso intelectual de lealtad a un reservorio abstracto de verdades. Es más bien un punto de observación para obtener una intuición práctica de las cosas que más importan en la vida. Si nos vienen siquiera a la mente estas preguntas sobre nuestro apego a las certidumbres, ¿qué aliciente, aparte de una crisis de fe ya avanzada, se podría equiparar a la sensatez y el buen juicio? Mientras las convicciones religiosas den fruto, la especulación epistemológica es la menor de sus preocupaciones.

Estoy de acuerdo. En última instancia, la vigilancia contra la fascinación de la certidumbre es menos importante que vivir a la altura nuestras convicciones más sentidas. Pero también es importante por algo más que por claridad filosófica. Las convicciones se mueven en dos direcciones, una elevándose hasta alcanzar el dominio de los ideales y la otra, avanzando sobre el terreno a través del alboroto de la conducta práctica. Las convicciones sin ideales están desorientadas; los ideales sin consecuencias prácticas están vacíos. Por mucho que podamos admirar las vidas de los santos y los héroes que parecen moverse en ambas direcciones sin esfuerzo, nuestro fracaso sin fin a la hora de imitarlos los aleja del dominio de lo posible. Tal vez esa sea la razón por la que encontramos mayor consuelo en quienes continúan su viaje después de que sus ideales han encallado.

Tras la muerte de la madre Teresa de Calcuta en 1997, resonaron por todo el mundo voces que clamaban que se la elevara a la santidad. Pero ese honor final se acalló cuando salieron a la luz unas cartas que revelaban la duda profunda que parecía sumir su fe en una oscuridad impenetrable. La conocimos siendo una vela que se dejó consumir con el fin de iluminar la vida de quienes la rodeaban, pero solo cuando vimos la llama moribunda vacilar agarrándose al pábilo contra el viento fuimos capaces de animarnos viendo coincidir su humanidad con la nuestra. Con independencia de la inseguridad espiritual de los ideales que la impulsaron, ella continuó hasta que emergió más fuerte que antes. Fue beatificada en 2003, pero no fue hasta 2016 cuando fue canonizada. No a pesar de su incertidumbre, sino gracias a ella.

Permitir que nos gobierne la indignación moral socava la mentalidad que nos permite venerar una vida como la suya e imitarla en actos de civilidad ordinarios. Por impotente que fuera su labor para producir cambios en las instituciones sociales que cerraban los ojos al sufrimiento de aquellos a los que asistió en su último aliento, la madre Teresa nos mostró algo de nuestra humanidad que, para nuestra desgracia, ignoramos. Su imagen representa una vergüenza duradera ante las máscaras de indecencia que mostramos a quienes no comparten nuestras certidumbres, ante la farsa de una bondad y una virtud que se erigen en árbitros de la justicia. Que esas farsas hablen la lengua de la religión, o de la ética, o de la política; dejémoslas promover causas liberales o tradicionalistas, patrióticas o cosmopolitas, capitalistas o socialistas. Nada que tengan que decir puede silenciar la humilde valentía de esa demacrada figura de mujer originaria de Albania.

Aun cuando se asignen a quienes las merecen, las etiquetas del heroísmo y la santidad nos hacen sentir inevitablemente incómodos con nosotros mismos y con el tedio de nuestras vidas rutinarias, comparadas con las suyas. Sugieren falsamente que la bondad exige valentía, una determinación llena de arrojo, cuando normalmente no requiere nada más que una sonrisa de reconocimiento o un paso atrás ante un conflicto. Para quienes son infelices haciendo lo correcto hasta que pueden ser *vistos* haciendo lo que estén haciendo, la bondad no reconocida es un signo de mediocridad. La civilidad que he venido tratando de poner bajo la luz no depende del reconocimiento. Tampoco es una extravagancia que podamos permitirnos solo en algunas ocasiones, pero no en otras. Es una necesidad cultivada en el instinto de saborear todo lo que podamos de nuestra humanidad.

Como estoy seguro de que habrá apreciado, me he centrado en la palabra «civilidad» entendiéndola como una especie de faro que nos ayude a trazar una senda a través de recuerdos personales de episodios e imágenes que han engendrado mi entusiasmo por las inclinaciones más amables de nuestra naturaleza. Quizá habrían servido también otros conceptos, pero el de *civilidad* tiene una especie de atractivo seductor y no sectario que favorece el compromiso y la implicación, antes que la claridad de la definición.

La idea de que podría encontrar el lugar en el que se situó la joven madre del pelo de punta y los vaqueros rotos cuando retrocedió un paso desde el insulto público y se inclinó; el lugar donde estaba arrodillado Francisco de Asís cuando se asomó a los ojos del lobo hambriento de Gubbio; el lugar donde se encontraba Hakuin cuando soportó pacientemente las calumnias de los aldeanos hasta que recuperaron la cordura; el lugar donde se situaba el campesino cretense con su carro y su burro cuando le dijo a un pobre estudiante que se ahorrara la gratitud para el día que se encontrara en la misma situación que él; el lugar donde pisaba Tetsugen cuando para alimentar a los hambrientos se desprendió de los fondos que había estado recaudando durante años... la idea de que podría encontrar ese lugar para decir lo que ellos dijeron y hacer lo que ellos hicieron nos acerca a esas inclinaciones de nuestra naturaleza que nos dan esperanza frente a los cinismos de la época.

Cómo releer este libro

Sentarse en un sillón y leer sobre la civilidad no es suficiente. Por utilizar una imagen de Chuan Tse, filósofo de la antigua China, correr hacia la sombra de un roble no va ayudarnos a escapar de nuestra propia sombra. La oscuridad que nuestras incivilidades proyectan sobre nuestra vida y la de quienes nos rodean merece algo más que una oscuridad mayor. La contribución que nuestra civilidad puede hacer al mundo es algo mucho mayor que un libro lleno de palabras sobre ella. Sin embargo, si todavía tiene la misma sensación que yo, la de que hay mucho más que decir acerca de la cuestión, siga el consejo de sus propias dudas y lea de nuevo este libro con la nueva mirada que aporta hacerlo por segunda vez.

Dios no quiera que tenga usted que abrirse paso otra vez por estas divagaciones mías y rebuscar entre las líneas para encontrar algo que pueda haberse perdido. Ningún fruto que pudiera cosechar llevándose los plantones desde este invernadero de ideas a sus propias reflexiones madurará nunca para dar unos frutos tan plenos y tan dulces como los que pueda cosechar escogiendo las semillas y dispersándolas en su propia memoria y en su imaginación. No, la forma correcta de releer este libro es saltar de párrafo a párrafo, sobrevolando todos estos análisis y comentarios hasta que se tope con alguna de las anécdotas. Léala para usted, como si fuera la primera vez. Después, deje el libro a un lado y componga sus propios pensamientos sobre ella guiado por cualesquiera sentimientos que puedan aflorar y buscando en sus recuerdos algo que clame por incorporar una voz al debate. No importa nada si sus pensamientos son aleatorios e inconexos. La mayoría de los míos eran un revoltijo de intuiciones e ideas aún sin madurar. ¡Por qué plantar en una maceta esas flores secas cuando puede sentarse entre las lilas del campo!

En última instancia, no hay mayor elogio de la civilidad que pueda usted añadir que los efectos prácticos que esta tiene sobre sus hábitos morales; y ningún elogio más vago que el simple reflejo de mi admiración por la civilidad. Pasar mucho tiempo solo, desnudo y sin vergüenza en la cruda e inmaculada sobriedad de lo que representa *saber* lo que es la civilidad es consentir que tenga un lugar en nuestra vida; es imaginar cuál puede ser nuestra aportación para que el mundo sea de otra manera. Fue con ese espíritu tan digno de confianza y tan enérgico como empecé; y con ese mismo espíritu es como llego ahora al final.